Stefan Logestine

Reich werden mit kühlem Kopf

Mit professionellen Börsen-Strategien zur finanziellen Freiheit

Die 30 Lektionen für Ihren Börsenerfolg

Bibliografische Information der Deutschen Nationalbibliothek: Die Deutsche Nationalbibliothek verzeichnet diese Publikation in der Deutschen Nationalbibliografie; detaillierte bibliografische Daten sind im Internet über http://dnb.dnb.de abrufbar.

Die automatisierte Analyse des Werkes, um daraus Informationen insbesondere über Muster, Trends und Korrelationen gemäß § 44b UrhG („Text und Data Mining") zu gewinnen, ist untersagt.

Die in diesem Werk bereitgestellten Informationen dienen ausschließlich allgemeinen Informationszwecken und stellen keine Anlageberatung, Finanzberatung oder Empfehlung zum Kauf oder Verkauf von Finanzinstrumenten dar. Alle Inhalte basieren auf allgemeinen Marktinformationen und persönlichen Meinungen und sind nicht auf individuelle finanzielle Bedürfnisse oder Ziele zugeschnitten.

Die Wertentwicklung in der Vergangenheit ist kein verlässlicher Indikator für zukünftige Ergebnisse. Investitionen in Finanzinstrumente sind mit Risiken verbunden, einschließlich des möglichen Verlusts des eingesetzten Kapitals. Es wird dringend empfohlen, vor einer Investition eine unabhängige Finanzberatung durch qualifizierte Fachleute in Anspruch zu nehmen.

Verlag: BoD · Books on Demand GmbH, Überseering 33, 22297 Hamburg, bod@bod.de

Druck: Libri Plureos GmbH, Friedensallee 273, 22763 Hamburg

ISBN: 978-3-8192-2693-9

1. Inhalt

1. Vorwort

Sehr geehrte Leserinnen, sehr geehrte Leser,

wir befinden uns in Zeiten des Umbruchs und grundlegender Veränderungen. Es sind herausfordernde Zeiten mit vielen Unbekannten und ebenso vielen Unsicherheiten.

Geopolitisch befinden wir uns nach vielen Jahren der friedlichen Koexistenz verstärkt in Konflikt- und Krisensituationen. Mit China, Russland und die Vereinigten Staaten von Amerika bewegen sich drei nicht kalkulierbare Hauptakteure auf dem Weltparkett. Ihre unvorhersehbaren Handlungen und Gegenreaktionen verändern unsere Vorstellungen und Planungen des Welt- und Wirtschaftsbildes.

Europa befindet sich mehr denn je auf der Suche nach einem gemeinsamen politischen Weg. Auch auf viele wirtschaftliche Fragen der europäischen Länder bleiben die Antworten bisher aus. Es geht um Fragen wie die hohe Verschuldung der Mitgliedsstaaten abgebaut werden kann oder welche Auswirkungen diese haben wird, Fragen nach dem wirtschaftlichen Wachstum oder fauler Kredite. Der Lösungsansatz des billigen Geldes der Europäischen Zentralbank konnte über ein knappes Jahrzehnt die Probleme kaschieren. Eine Lösung stellt dies indes nicht dar und lässt die Antwort über den Ausgang dieser Gemengelage weiter offen.

Neben geopolitischen und gesamtwirtschaftlichen Umbrüchen steht aber auch unserem direktesten Umfeld ein tiefgreifender Wandel bevor.

Die Digitalisierung, junge Technologie-Unternehmen und Startups stellen massiv bereits in den letzten Jahren uns langbekannte, etablierte Unternehmen und traditionelle Branchen auf den Kopf. Die Veränderung des Einkaufsverhaltens und die Folgen für den Einzelhandel sind hier nur ein erstes Signal des Umbruchs. Es sind wilde Zeiten des Umbruchs, die für die „alte Wirtschaftswelt" eine gravierende Bedrohung darstellt.

Mit all dem gesagt – bewegen wir uns auf eine Periode düsterer Zeiten hin? Sollten wir auf mittlere Sicht einfach nur in Deckung gehen und auf bessere Zeiten warten oder hoffen?

Nein – ganz sicher nicht!

Denn jede Veränderung trägt auch immer Chancen in sich. Wichtig ist es diese Chancen zu sehen und wahrzunehmen. Im beruflichen Alltag zum Beispiel gilt es neue Bereiche zu erschließen und sich auf die veränderten Herausforderungen einzustellen.

Bezogen auf die eigene Vermögenssituation ist wichtiger denn je, dem durch die Inflation und dem durch die negative Realverzinsung ausgesetzten Wertverlust entgegenzuwirken. Langfristig eine darüber hinaus gehende Rendite zu erzielen, bleibt natürlich auch für den Vermögensaufbau ein essentiell bedeutendes Ziel.

Sicherlich sind die Zeiten anspruchsvoller geworden. Während man bis zur Finanzkrise 2008 ganz einfach Zinsen auf Tages- und Festgeld erhielt, sind heutzutage Real-Erträge nicht mal mehr mit deutschen Staatsanleihen zu realisieren. Auch Unternehmensanleihen versprechen kaum noch Real-Renditen. Es sei denn man fokussiert sich auf risikoreiche Unternehmen oder setzt sich Fremdwährungsrisiken aus.

Es bleibt festzustellen – sowohl der Wandel im beruflichen und wirtschaftlichen Umfeld als auch der Finanzwelt ist erheblich und herausfordernd.

Daher ist es heute wichtiger denn je, sich weiterzuentwickeln. Neben „Life long learning" in der Arbeitswelt bedeutet dies, dass Sie sich den eigenen Finanzen und Ihrem Vermögensaufbau widmen sollten, wenn nicht sogar müssen.

Dieses Buch soll Ihnen hierzu Hilfe und Unterstützung bieten. Die von mir über viele Jahre gesammelten Erkenntnisse und Erfahrungen möchte ich gerne mit Ihnen teilen.

Um Ihren eigenen Vermögensaufbau sinnvoll und nachhaltig vornehmen zu können, bedarf es – wie beim Bau eines schönen Hauses – mehrerer „Einzel-Bausteine".

Diese „Villa des Vermögensaufbaus" können Sie sich dabei wie folgt vorstellen:

Abbildung 1: Villa des Vermögensaufbaus

Dieses Buch folgt in seinen Kapiteln genau der dargestellten Visualisierung.

In Kapitel 1 setzen wir uns zunächst damit auseinander, wie grundlegend wichtig Ihr Interesse und Ihre Wissbegier für das Thema Finanzen sein wird.

Dazu setzen wir uns auch mit den verschiedenen Anlagealternativen auseinander und warum für dieses Buch die Kapitalmärkte im Fokus stehen.

Aufbauend machen wir uns im folgenden Kapitel mit mehreren erfolgsversprechende Anlagestrategien vertraut und betrachten Ihre Vorzüge und Nachteile.

Um die Anlagestrategien erfolgreich umsetzen, braucht es jedoch mehr als reine „Technik". Nur mit dem richtigen Mindset und der Vermeidung von psychologischen Fehlern können Strategien zum erhofften Erfolg führen. Was Sie hierfür wissen müssen und was es zu beachten gilt, erfahren Sie im Kapitel 3.

Das Kapitel 4 „Handeln an der Börse" soll darauf aufbauend Ihnen Hilfestellung leisten, wie Ihre eigene Handelsaktivität an der Börse erfolgreich umgesetzt werden kann und worauf es hier zu achten ist.

Im 5. Kapitel „Risikomanagement" gehen wir zuletzt auf das für Sie nötige Rüstzeug und Überlegungen zur Minimierung Ihres Anlagerisikos ein. Damit stellen wir sicher, dass Ihre „Villa des Vermögensaufbaus" auch in stürmischen Zeiten wetterfest aufgestellt ist.

Ich empfehle in der weiteren Lektüre nicht auf die vordergründig für Sie spannendsten Themen und Kapitel einfach vor zu blättern. Denn es ist für Ihren erfolgreichen Vermögensaufbau wie bei dem Bau eines guten und soliden Hauses. Nur aus dem Zusammenfügen aller Bausteine kann ein gutes und hochwertiges Haus entstehen. Angefangen von Ihrem Interesse und Ihrer Lernbereitschaft, weiter über eine klare Strategie, solidem Mindset bis hin zu einem eingerichteten Risikomanagement wird sich nur im Zusammenspiel aller Bausteine ein nachhaltiger Erfolg für Sie einstellen können.

Ich wünsche Ihnen eine spannende, bereichernde und interessante Lektüre. Für den Aufbau Ihres Vermögens wünsche ich Ihnen viel Erfolg!

Ihr Stefan Logestine

2. Wissen und Wissbegier

2.1   Auf der Suche nach mehr

Finanzielle Freiheit zu erlangen und das eigene Vermögen erfolgreich aufzubauen ist in heutigen Zeiten wichtiger denn je. Die Vorstellung einmal eine sinnvolle Investition in verschiedene Anlagen vorzunehmen, um damit die eigenen Ziele langfristig zu erreichen, begeistert.

Doch so einfach ist es leider nicht. Verabschieden Sie sich von der Vorstellung, dass es die eine Zauberformel gibt, die Sie nur kurz anwenden müssen, um langfristig und dauerhaft Ihr Vermögen zu vermehren. Der Weg, den wir begehen werden, ist ein Weg der geprägt ist von ständigem Lernen und Suchen nach Antworten.

Wissen zum einen und die ständige Wissbegier für Finanzen sowie wirtschaftliche und wirtschaftspolitische Zusammenhänge zum anderen sind das grundlegende Fundament. Dieses Fundament gilt es zu erschaffen und dauerhaft zu festigen. Mit dem Kauf dieses Buches haben Sie sicherlich einen ersten Schritt in diese Richtung getan.

Doch es bedarf mehr. Es ist wichtig, dass Sie dauerhaft die Motivation und Energie mitbringen, sich mit Ihren Finanzen und deren Werttreibern zu beschäftigen.

Woher Sie Ihre Motivation schöpfen, liegt ganz bei Ihnen. Vielleicht ist es der Wunsch, frei von finanziellen Nöten zu leben zu können oder unabhängig von einem Arbeitgeber.

Egal, worin ihre Motivation liegt – wichtig ist, dass sie sich mit den inneren Treibern Ihrer Motivation beschäftigen und diese für sich erkennen.

Lektion 01:

Visualisieren Sie Ihre Vision und Ziele.

Ich persönlich empfehle Ihnen, Ihre Vision, Ziele und Wunschvorstellungen einmal schriftlich festzuhalten oder zu visualisieren. Egal ob es um die Villa auf Mallorca geht, die Unabhängigkeit vom Angestelltendasein oder die Sicherheit für das Alter vorgesorgt zu haben – stellen Sie sich die Frage nach dem Warum.

Ebenso wichtig ist die Frage, ob Sie ein gewisses Interesse für das Thema „Finanzen und Kapitalanlagen" mitbringen. Seien Sie dabei bitte ehrlich zu sich selbst.

Sollten Sie bereits jetzt oder in nächster Zeit zu dem Schluss kommen, dass Sie weder die innere Motivation oder das gesteigerte Interesse aufbringen, sich intensiv mit Ihren Finanzen zu beschäftigen, so ist dies eine wichtige Erkenntnis. In diesem Fall ist es möglicherweise sinnvoller, für Ihr Vermögensmanagement Berater hinzuzuziehen und sich auf andere Dinge zu fokussieren.

Wie die Vergangenheit schon oft gezeigt hat, ist dieser Ansatz nicht ohne Risiken. Stellen Sie daher in diesem Fall sicher, dass Ihre Berater Ihre Interessen verfolgen und bei nachhaltigem Erfolg honoriert werden.

Bringen Sie jedoch die Motivation und das Interesse mit und sind gewillt, das Heft über Ihre finanzielle Zukunft selbst in der Hand zu nehmen, dann lesen Sie gern weiter und orientieren sich an den Worten von John D. Rockefeller:

Lektion 03:

Es ist besser, einen Tag im Monat über sein Geld nachzudenken, als einen ganzen Monat dafür zu arbeiten.[1]

---

[1] John Davison Rockefeller, US-amerikanischer Unternehmer und erster Milliardär der Weltgeschichte.

2.2   Grundlagen und Anlagealternativen

Lassen Sie uns in dem folgenden Kapitel uns mit verschiedenen Anlagealternativen vertraut machen. Wie Zinsen, Steuern und Gebühren langfristig die Vermögensentwicklung beeinflussen, beleuchten wir ebenfalls in diesem Abschnitt.

2.2.1   Investitionsmöglichkeiten

Die Welt der Finanzen bzw. deren Anlagemöglichkeiten ist sehr vielschichtig und facettenreich. Neben etablierten Anlageklassen und Instrumenten tauchen immer wieder neue Investitionsfelder und -vehikel auf. Daher ist eine abschließende Beleuchtung kaum bis nicht möglich.

In Hinblick auf die Investitionsgüter lässt sich eine grobe Unterteilung in Sachwerte und Unternehmensbeteiligungen treffen. In Sachwerte, wie z.B. Immobilien oder Edelmetalle, oder in Unternehmensbeteiligungen lässt sich über verschiedene Anlagevehikel investieren. Jedes Investitionsgut im entsprechenden Anlagevehikel kann dabei gewisse Vor- und Nachteile bieten.

Die nachfolgende Tabelle kann einen ersten Überblick bieten:

	Vorteile	Nachteile
Sparbuch	-sichere Anlage[2]	-geringe Rendite
Versicherungen	-sichere Anlage	-geringe Rendite -schlechte Liquidierbarkeit
Staats- u. Unternehmensanleihen	-hohe Liquidität -geringere Einstiegssummen -mittlere Rendite möglich	-mittlere Rendite -Ausfallrisiko
Immobilien (direkt)	-geringere (gefühlte) Schwankungsintensität -mittlere Rendite möglich	-höherer Kapitaleinsatz nötig -erhöhter Verwaltungsaufwand
Immobilien (indirekt)	-geringere Einstiegssummen -mittlere Rendite möglich	-Management-Risiko -Ausfallrisiko möglich -keine eigene Entscheidungsgewalt -geringere Handelbarkeit
Unternehmensbeteiligungen (direkt)	-höhere Rendite möglich	-erhöhte Schwankungsintensität -Ausfallrisiko -geringere Handelbarkeit
Aktien	-höhere Rendite möglich -geringe Einstiegssummen -hohe Handelbarkeit	-erhöhte Schwankungsintensität -Ausfallrisiko möglich

---

[2] Derzeit bis EUR 100.000 i.S.d. Einlagensicherungsfonds.

Ohne dass die Liste abschließend sein kann, wird doch klar, dass jede Anlagealternative Ihre Vor- und Nachteile besitzt. Darüber hinaus können die Vor- und Nachteile aus Sicht eines jeden selbst auch noch abweichen oder vielschichtiger sein.

Sicher ist jedoch die Erkenntnis, dass mit höheren Rendite(-erwartungen) höhere Risiken einhergehen. Dies gilt auch umgekehrt – wenn Sie bereit sind erhöhte, mindestens kurz- bis mittelfristige Risiken einzugehen, so kann dies durch eine höhere Rendite belohnt werden.

Die nachfolgende Bubble-Grafik veranschaulicht diesen Zusammenhang für die o.g. Anlagemöglichkeiten:

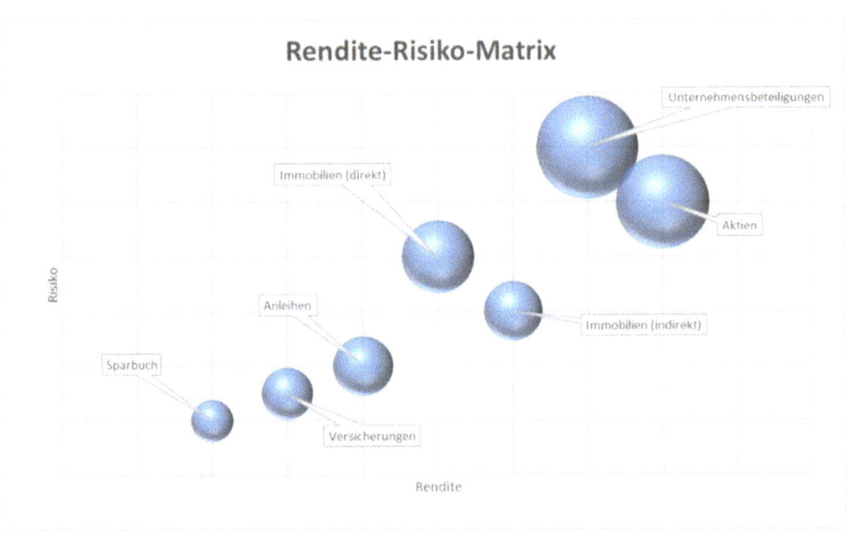

Abbildung 2: Rendite-Risiko-Matrix, eigene Darstellung.

Aktien als eine der möglichen Anlagenalternativen überzeugen durch ihre große Handelbarkeit bei gleichzeitig geringen Einstiegssummen.

Langfristig und besonders auch in den heutigen Zeiten des Niedrigzinsumfelds bieten Aktien als eine der wenigen Anlageklassen noch die Aussicht auf eine gute Rendite.

Sicherlich gehen Sie mit Aktien und mit erhöhten Chancen grundsätzlich auch erhöhte Risiken ein. Ich bin jedoch überzeugt mit der richtigen Strategie, einem studiertem Mindset und auch einem effektiven Risikomanagement, diese Risiken deutlich minimieren zu können.

Daher besitzen Aktien aus meiner Sicht ein sehr überzeugendes Chancen-Risiko-Profil. Wie auch Sie dieses Profil für Ihre Investitionen erzielen können, erfahren Sie in den nachfolgenden Kapiteln.

2.2.2   Zinseszins-Effekt

Bevor wir in das Kapitel der Anlagestrategien einsteigen, sollten wir uns noch über einige grundlegende Mechanismen, die bei allen Investments zum Tragen kommen, Gedanken machen.

Die Investition in Kapitalanlagen erfolgt damit wir einen Ertrag oder anders ausgedrückt einen Zins erzielen. Dieser Zins stellt die Vergütung für das mit der Kapitalanlage eingegangene Risiko dar und speist sich in der Regel daraus, dass das investierte Geld an anderer Stelle „gearbeitet" hat.

Normalerweise werden die Zinsen auf eine Investition in regelmäßigen Abständen ausbezahlt. Ob monatlich, quartalsweise oder jährlich ist abhängig von der Investition und deren Modalitäten.

Interessant wird es, was Sie mit den ausgezahlten Zinsen machen? Sie haben die Möglichkeit die Zinsen einfach zu verkonsumieren. Oder aber

Sie reinvestieren den erhaltenen Geldbetrag in die gleiche Kapitalanlage. Damit werden nun auch auf Ihre Zinsen weitere Zinsen erwirtschaftet.

Diese Herangehensweise bei der eigenen Vermögensbildung klingt grundsätzlich nicht so spektakulär. Der sogenannte Zinseszins-Effekt, der hier zum Wirken kommt, lässt einem jedoch gern einmal die Augen reiben.

Hierzu ein einfaches Rechenbeispiel: Mit einem Kapitaleinsatz von 100.000 Euro und einen Zins von 10 Prozent erzielen Sie über einen Zeitraum von 20 Jahren Zinsen in Höhe von 200.000 Euro. Lassen Sie hingegen die jährlich erwirtschafteten Zinsen im Sinne des „Zinseszins-Effekts" auch für sich arbeiten, so lassen sich über 572.000 Euro an Zinsen erzielen.

Der Zinseszins führt für dieses Beispiel zu einem fast dreifach so hohen Zinsergebnis. Die nachfolgende Grafik veranschaulicht die spektakuläre Wirkung des Zinseszins-Effektes.

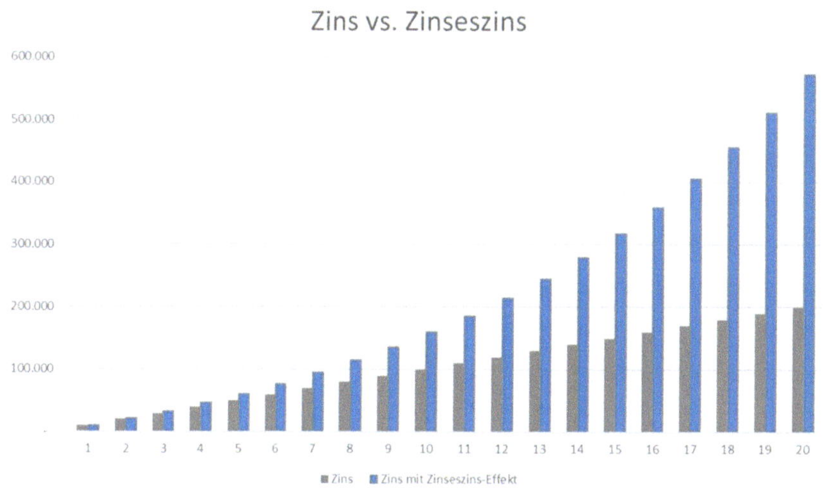

Abbildung 3: Zins vs. Zinseszins, eigene Darstellung.

Wenn man sich diese Grafik genauer anschaut, wird ziemlich schnell klar, warum schon einst Albert Einstein den Zinseszins-Effekt als die größte Macht des Universums bezeichnete:

Lektion 03:

Die größte Macht des Universums
ist der Zinseszins[3].

Diese Macht gilt es für Ihren Vermögensaufbau zu nutzen.

---

[3] Albert Einstein, deutsch-schweizerisch-amerikanischer Physiker.

Aktien bieten mit der Wiederanlage von ausgezahlten Dividenden und natürlich auch der erzielten Vermögenszuwächse die beste Möglichkeit hierzu.

Bei einem zweiten Blick auf die Grafik wird weiterhin deutlich, dass der Zinseszins-Effekt gerade mit zunehmender Laufzeit seine Stärke ausspielt. Während in unserem Beispiel über einen Anlagehorizont von z.B. 5 Jahren der Vermögensunterschied rund 11.051 Euro, d.h. rund 11 Prozent beträgt, beläuft sich die Differenz nach 20 Jahren auf 372.750 Euro bzw. rund 372 Prozent.

Daher setzen Sie sich langfristige Investitionshorizonte, um diese Stärke des Effekts zur vollen Wirkung auszuspielen.

Weiter noch – fangen Sie frühzeitig und konsequent auf Basis Ihrer Strategie an zu investieren. Denn je länger Ihr Anlagehorizont ist, desto stärker wirkt sich der Zinseszins-Effekt zu Ihren Gunsten aus.

2.2.3   Steuern und Gebühren

Werfen wir nun einen Blick auf den Einfluss von Steuern anhand eines weiterführenden Beispiels: Wir gehen von den gleichen Eckdaten wie im oben genannten Beispiel aus. Hinzu nehmen wir diesmal jedoch einen Steuersatz von 26,375 Prozent. Dies entspricht der derzeit geltenden Abgeltungssteuer von 25 Prozent zzgl. Solidaritätszuschlag.

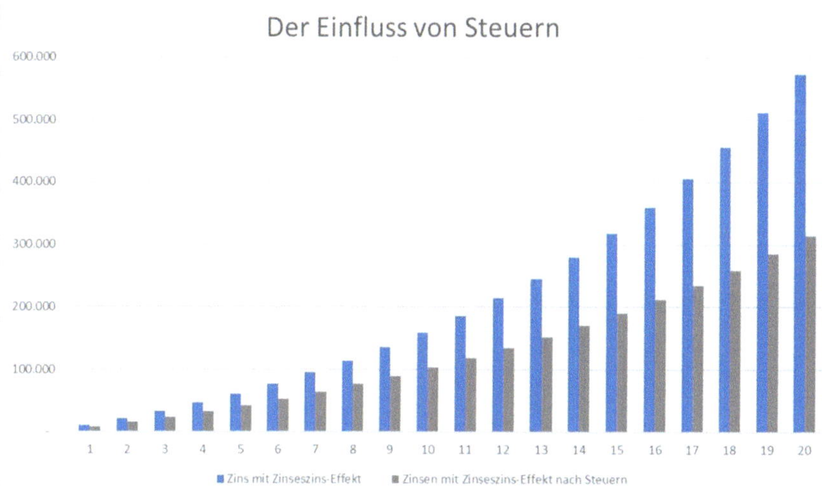

Abbildung 4: Zins mit Zinseszins-Effekt vor und nach Steuern, eigene Darstellung.

Wie die Grafik zeigt, ist die Auswirkung der Steuern ebenfalls erheblich. Statt rund 573.000 Euro lassen sich aufgrund der Steuerbelastung nur rund 314.000 Euro erzielen. Besonders negativ an diesem Ergebnis ist, dass die Zinsrückflüsse um nicht nur 26,375 Prozent niedriger sind gegenüber dem Ergebnis ohne Steuern sondern vielmehr um ca. 45 Prozent.

Der Zinseszins-Effekt kann hier über den Zeitraum nicht seine volle Hebelwirkung entfalten, da ihm jedes Jahr rund ein Viertel des Ertrages „gestohlen" wird. Ähnlich verhält es sich mit Gebühren, die im Prinzip „Steuern für den Manager" sind.

Es wird deutlich, wie wichtig auf lange Frist gesehen jeder Zehntel-Prozentpunkt in Steuern und Gebühren und natürlich die (unterjährigen) Steuerabzüge sind.

Zu beachten bleibt trotzdem, dass das Steuern- und Gebührenregime jeder Kapitalanlage nur der Kapitalanlage folgen kann. Es nützt Ihnen nichts, wenn Sie zwar nach Kosten- und Steuergesichtspunkten die günstigste Kapitalanlage gewählt haben. Diese jedoch nie eine wirkliche Aussicht auf Erfolg hat oder unter dem Strich nachteilig gegenüber anderen Anlagealternativen ist.

Lektion 04:

Seien Sie knauserig bei Steuern und Gebühren.

Unter der Voraussetzung gleichwertiger Kapitalanlagen bleibt im Ergebnis folgendes festzuhalten:

Beschäftigen Sie sich bei Ihrer Kapitalanlage intensiv damit, mit welchem Anbieter Sie bei gleichen Leistungsangebot am günstigsten fahren können. Suchen Sie nach dem steuerlichen Vehikel, dass die geringsten Abzüge hat und idealerweise diese erst in die Zukunft verschieben. Und seien Sie bei Ihrer Auswahl mit ruhigem und gutem Gewissen knauserig – die Auswirkungen können immens sein!

3. Strategie

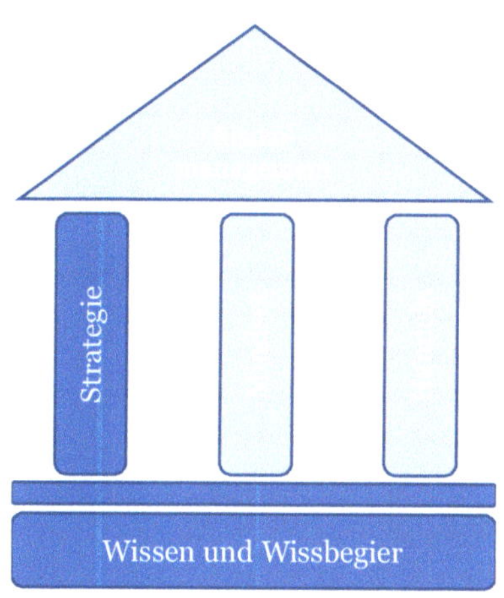

Es ist soweit – der Einstieg ist geschafft. Sicherlich haben Sie brennend die letzten Seiten gelesen, um endlich zum Kernstück Ihres Vermögensaufbaus zu kommen – der Investitionsstrategie.

In den kommenden drei Teilkapiteln zeige ich Ihnen erfolgreiche Aktien- und Indexstrategien, die ich über viele Jahre (teilweise selbst) entwickelt, verfeinert und angewandt habe.

Dabei bin ich grundsätzlich davon überzeugt, dass die Aktienmärkte stark durch die Psychologie der kollektiven Masse, zu Deutsch „Lemminge-Effekt", nach oben wie nach unten getrieben werden. Um nicht einer dieser Lemminge zu sein, ist es enorm wichtig, ein klares Regelwerk für die eigenen Investitionen und Desinvestitionen zu haben – eine Strategie.

Diese Strategie ist meiner Meinung nach essentiell, um langfristig erfolgreich Vermögen aufzubauen. Sie hilft des Weiteren aber auch und gerade in Zeiten, in denen die Märkte schnell und abrupt „abrauchen".

Lektion 05:

Eine klare Strategie ist Basis Ihres langfristigen Erfolgs an der Börse.

3.1 Market-Timing-Strategien

Als ersten Strategieansatz möchte ich Ihnen den Bereich der Market-Timing-Strategien vorstellen.

Ich bin davon überzeugt, dass insbesondere die Aktienindizes langfristig steigen werden. Ursächlich hierfür sind allein schon der fortlaufende technologische Fortschritt und Effizienzgewinne.

Weiterhin wirkt auch der Faktor, dass unsere Wirtschaft langfristig auf einem positiven Inflationsziel ausgerichtet ist. Mit einer positiven Inflation steigen Preise und Umsatzerlöse der verkauften Güter von Unternehmen.

Insofern steigen nominal auch sukzessive die Gewinne der Unternehmen, selbst wenn dies im Zweifel nur den Inflationsausgleich darstellt. Daneben sollten die Gewinne der Unternehmen natürlich langfristig deutlich über der Inflation liegen, um auch das unternehmerische Engagement zu vergüten.

Lektion 06:

Langfristig steigen die Börsenkurse durch Fortschritt, Effizienzgewinne und die Inflation.

Dieser langfristige Trend wird jedoch immer wieder abrupt durch Schocks und Krisen unterbrochen.

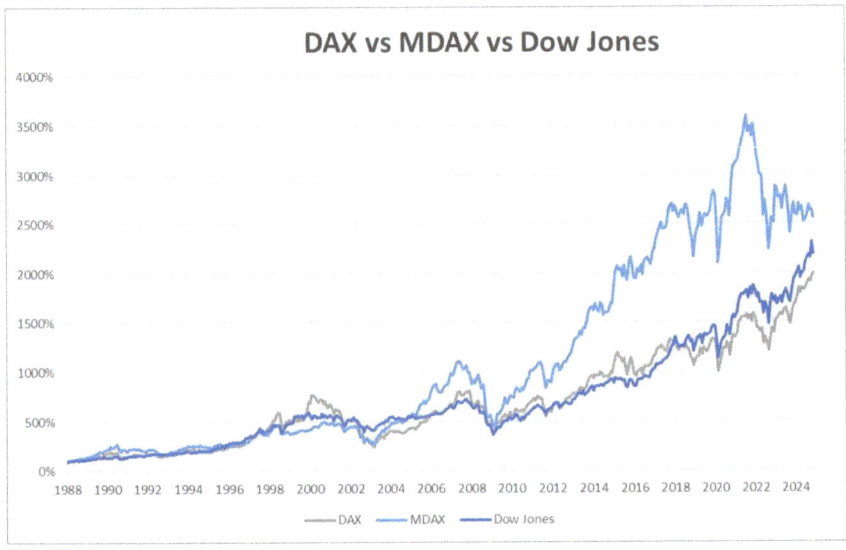

Abbildung 5: DAX vs. MDAX vs. Dow Jones, comdirect.de, eigene Darstellung.

Market-Timing-Strategien versuchen durch zeitlich gut gesetzte Investitionen und Deinvestitionen diese Wellenbewegungen für sich auszunutzen, um so ein verbessertes Rendite-Risiko-Profil bei der Investition zu erzielen.

3.1.1 Sell in Summer

Eine der bekanntesten Market-Timing-Strategien ist unter dem Begriff „Sell in Summer" bekannt. Die Strategie beruht auf dem Phänomen, dass die Sommermonate statistisch gesehen zu den schwach-performenden Monaten zählen.

Historisch gesehen tauchten hier besonders hohe negative Schocks auf wie die Asienkrise im Sommer 1997, der Börsencrash nach den Anschlägen auf das World Trade Center in New York am 11. September 2001 oder die Lehman-Pleite im September 2008.

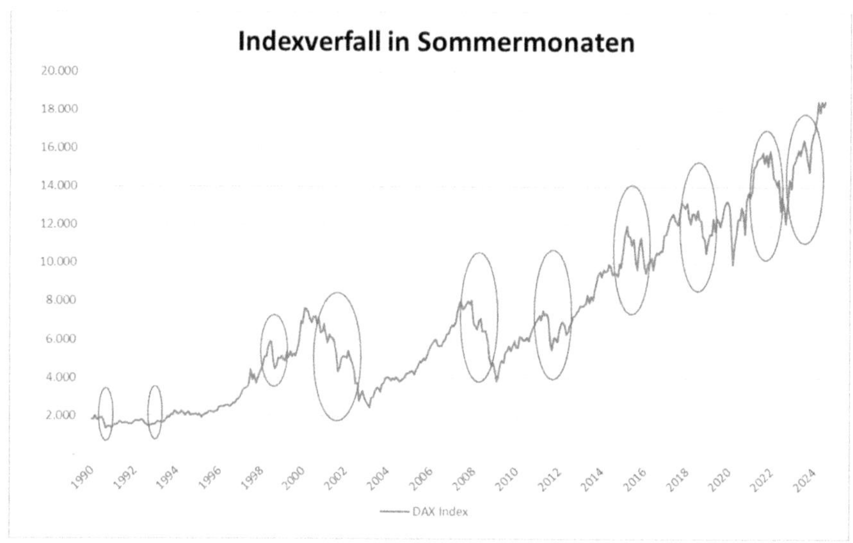

Abbildung 6: Indexverfall in den Sommermonaten, comdirect.de, eigene Darstellung.

Wie die Darstellung zeigt, treten überproportional häufig in den Sommermonaten deutliche Kursverluste auf. Im Durchschnitt sind die Monate August mit -1,9 Prozent und September mit -2,1 Prozent Zeiten in denen man die Aktienmärkte meiden sollte – zumindest historisch gesehen.

Neben den durchschnittlich, negativen Renditen in den Sommermonaten fällt darüber hinaus auch auf, mit welch reduzierter Wahrscheinlichkeit diese Monate ein positives Ergebnis erzielen.

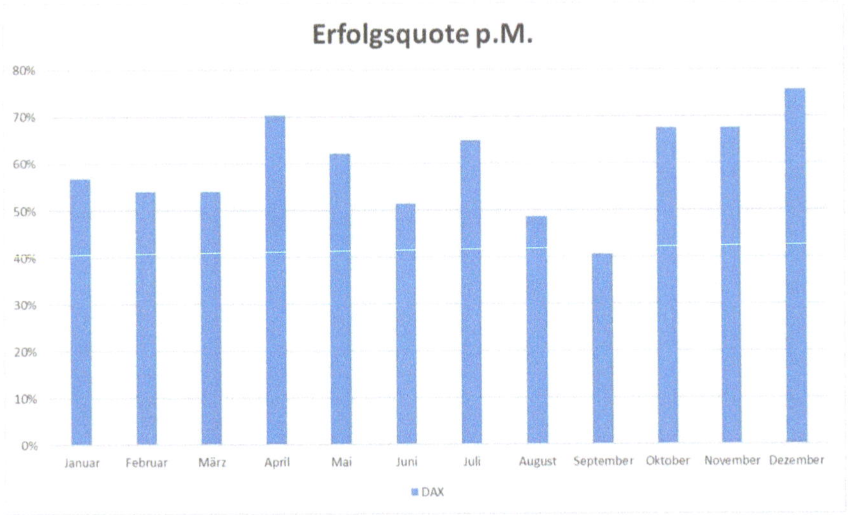

Abbildung 7: monatliche Erfolgsquoten des Dax, Zeitraum: 1988-2024, comdirect.de, eigene Berechnung.

Die Grafik verdeutlicht, dass die Monate August mit nur 49 Prozent und September mit 41 Prozent positiv abschließen. Anders gesagt – mit überwiegender Wahrscheinlichkeit verliert der Dax in den Sommermonaten.

Worauf diese statistisch signifikante Häufung negativer Performances und Eintrittswahrscheinlichkeiten beruht ist umstritten. Teilweise wird es mit der geringeren Handelsaktivität in den Urlaubsmonaten begründet, teilweise mit der geringeren Euphorie in den warmen Sommermonaten.

Lektion 07:

Sell in May but remember to come back in September.

Der englische Ausspruch „Sell in May but remember to come back in September" trifft allerdings nicht des Pudels Kern, zumindest was den Dax angeht. Sieht man sich die historische Datenreihe an, so stechen die Monate August und September als negative Monate heraus.

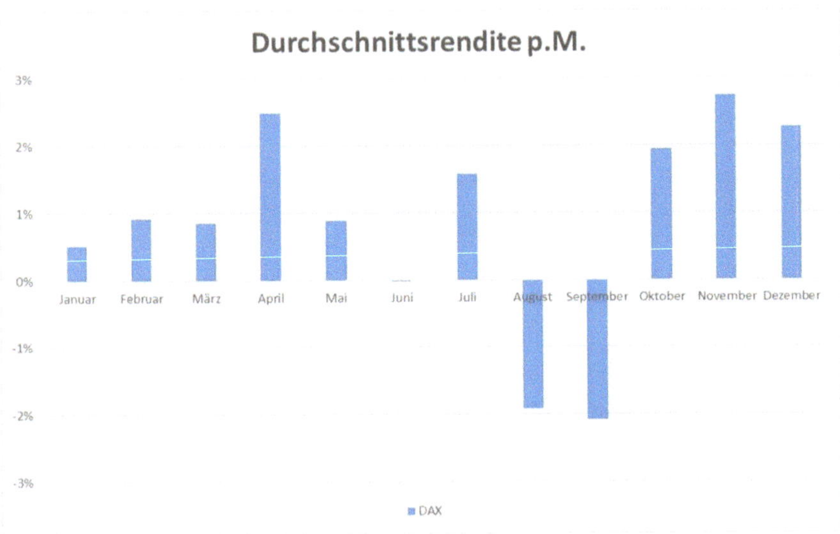

Abbildung 8: monatliche Durchschnittsrenditen des Dax: Zeitraum: 1988-2024, comdirect.de, eigene Berechnung.

Glaubt man also daran, dass „Sell-in-summer" auch zukünftig ein bestehendes Phänomen sein wird, so kann dies Basis von überaus lukrativen Investitionsstrategien sein.

Eine Strategie könnte wie folgt definiert sein:

Investiere in den Monaten Januar bis Juli sowie September bis Dezember in einen ETF mit dem Basiswert Dax. Unter Vernachlässigung von Steuern und Gebühren hätte sich das eigene Portfolio im Vergleich zum Dax seit 1990 wie folgt entwickelt:

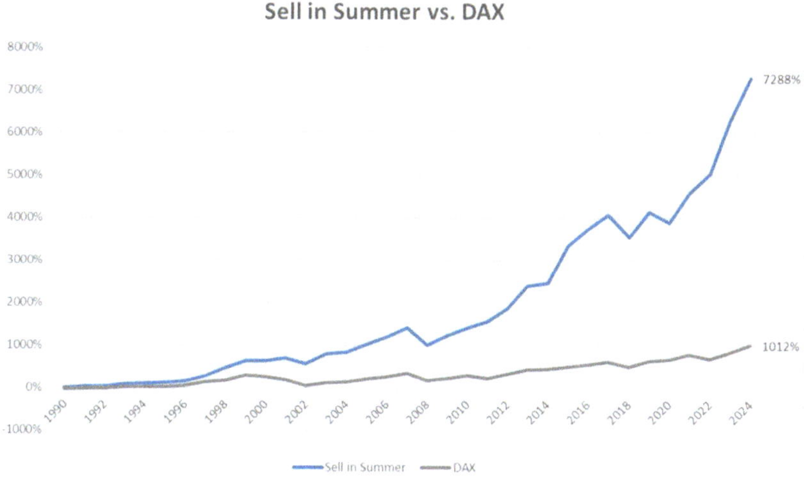

Abbildung 9: Entwicklung "Sell in summer"-Strategie vs. DAX, comdirect.de, eigene Berechnung.

Die historischen Ergebnisse können mehr als überzeugen. Über den Zeitraum von 35 Jahren hätte man mit der „Sell in Summer"-Strategie das eigene Vermögen um mehr als das 72-fache erhöht. Der Dax hingegen hätte im gleichen Zeitraum auf das eingesetzte Kapital nur einen Vermögenszuwachs des rund 10,1-fachen generiert. Die jährliche Durchschnittsrendite von rund 13,1 Prozent outperformt den Dax (7,1 Prozent) dabei mit ca. 6,0 Prozent deutlich.

Beeindruckend an dieser Strategie ist darüber hinaus das mit der erhöhten Rendite einhergehende Risiko.

Während der DAX auf Jahressicht einen maximalen Verlust von rund -44 Prozent verbuchen musste, kann die „Sell in summer"-Strategie den Verlust auf Jahressicht auf rund -27 Prozent absenken. Auch mussten statt 10 Verlustjahren in dem betrachteten Zeitraum von insgesamt

35 Jahren bei der „Sell in Summer"-Strategie lediglich 4 Verlustjahre hingenommen werden.

Die Strategie überzeugt damit mit einem verbesserten Rendite-Risiko-Profil. Darüber hinaus besticht sie gerade durch die Einfachheit und Klarheit in ihrer Handhabung.

3.1.2 Gebert-Strategie

Eine weitere, historisch überzeugende Market-Timing-Strategie ist die nach dem Physiker Thomas Gebert. In seinem Buch „Der große Gebert" beschreibt er, dass anhand der Entwicklung von vier Kriterien ein Scoring ermittelt werden kann, was dem Investor auf Monatsbasis ein Signal über den Ein- und Ausstieg in den Markt liefert.

Bei den vier Kriterien handelt es sich um die folgenden:

- Jahreszeit
- Zinssatz der EZB
- Inflation
- Euro-Dollar Wechselkurs

Für jedes dieser vier Kriterien kann auf Monatsbasis ein Punkt erzielt werden entsprechend der nachfolgenden Logik:

Jahreszeit	In den Monaten November bis April gibt es jeweils einen Punkt, in den sonstigen Monaten keinen.
Zinssatz der EZB	Wurde der Zinssatz von der EZB bei der letzten Anpassung nach unten angepasst, so gibt es einen Punkt, andernfalls keinen.

Inflation	Liegt die Inflationsrate unter der des gleichen Monats bezogen auf ein Jahr rückblickend gibt es einen Punkt, andernfalls keinen.
Euro-Dollar Wechselkurs	Ist der US Dollar-Euro-Wechselkurs höher als vor 12 Monaten gibt es einen Punkt, andernfalls keinen.

Nach diesen festen Regeln werden für die vier Kriterien auf Monatsbasis die Punkte zusammengezählt. Erhält man einen Wert über 2 bedeutet dies ein Kaufsignal, also Einstieg in den Markt. Bleibt das Scoring von da an mindesten bei 2 in den Folgemonaten, so bleibt man investiert. Erst wenn das Scoring auf 1 oder 0 fällt, heißt es auszusteigen.

Für die Jahre 1990 bis 2024 hätte sich der Ansatz von Thomas Gebert wie folgt gegenüber dem Dax entwickelt:

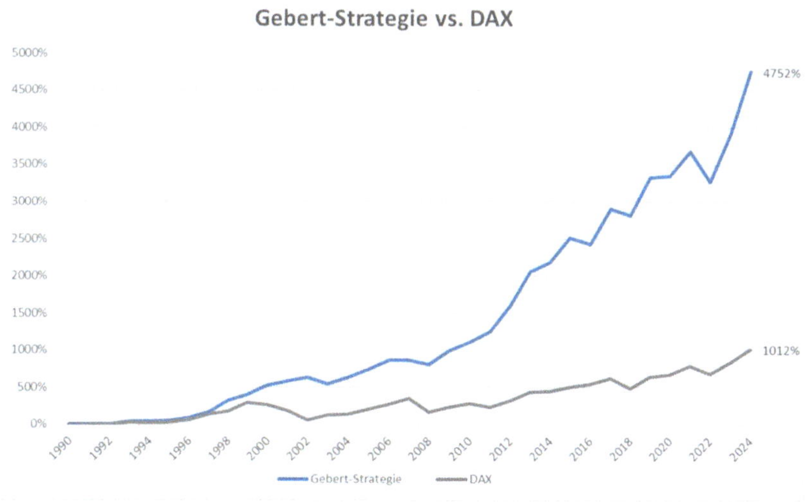

Abbildung 10: Entwicklung Gebert-Strategie vs. DAX, comdirect.de, eigene Berechnung.

Für den betrachteten Zeitraum von 35 Jahren hätte die Gebert-Strategie einen Vermögenszuwachs von sage und schreibe 4.752 Prozent erzielt. Der Dax hätte im gleichen Zeitraum immerhin einen Vermögenszuwachs von rund 1.012 Prozent generiert. Die annualisierte Rendite liegt für die Gebert-Strategie bei rund 11,7 Prozent während der DAX im gleichen Zeitraum auf rund 7,1 Prozent kommt.

Auch für die Gebert-Strategie zeigt sich, dass sie den Dax über einen langen Zeitraum erfolgreich outperformen kann. Weiterhin wird deutlich wie stark diese Outperformance im Zusammenspiel mit dem Zinseszins-Effekt zum Tragen kommt. Sie führt zu einem mehr knapp fünfmal so hohen Vermögenszuwachs gegenüber der einfachen „Buy-and-hold"-Strategie auf den DAX.

Neben den historisch gesehen, sehr überzeugenden Ergebnissen, besticht die Gebert-Strategie ebenfalls durch ihre Klarheit und Einfachheit in der Handhabung. Alle Informationen zur Anwendung der Strategie sind öffentlich und leicht zugänglich.

Nicht zuletzt besticht die Strategie auch dadurch, dass sie wie die „Sell in Summer"-Strategie mit überschaubaren zeitlichen Ressourcen umsetzbar ist.

3.1.3 Buy the dip

Als eine der prominentesten Market-Timing-Strategien taucht in den Medien bei jedem größerem Rücksetzer an den Börsen das Schlagwort „Buy the dip" auf.

Gemeint ist hier die Idee in einen Index oder eine Aktie zu investieren, wenn diese(r) einen mittleren bis größeren Kursverlust erlitten hat, der fundamental ggf. nicht „gerechtfertigt" ist.

Dahinter steckt die Annahme, dass das Investment durch einen externen „Schock" eine gute Einkaufsgelegenheit darstellt und mittelfristig wieder zu seinem vorherigen Kurs zurückfinden sollte.

Inwieweit diese Strategie langfristig erfolgreich ist, hängt neben der Investitionsstrategie wesentlich auch davon ab, unter welchen Prämissen und wann aus dem Investment wieder ausgestiegen werden soll.

Eine mögliche „Buy the dip"-Strategie könnte wie folgt definiert werden:

Investition	Investiere in den DAX, z.B. via ETF, wenn der aktuelle Kurs gegenüber dem letzten Hoch um 20 Prozent gefallen ist.
Deinvestition	Deinvestiere, wenn bezogen auf den Einstiegskurs 60 Prozent Vermögenszuwachs erzielt wurden.

Eine solche Strategie hätte in den Jahren 1990 bis 2024 sich wie folgt entwickelt:

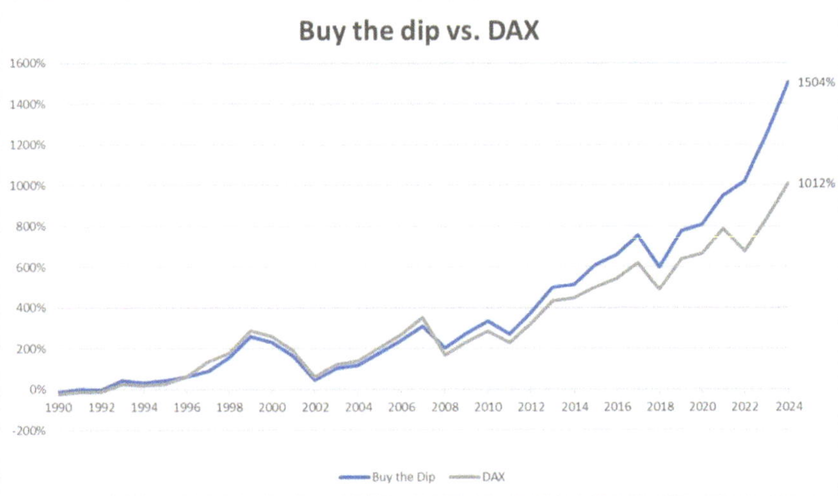

Abbildung 11: "Buy the Dip"-Strategie vs. DAX, comdirect.de, eigene Berechnung.

Auch dieser Ansatz einer „Buy the dip"-Strategie kann gegenüber dem Dax eine Überrendite erzielen. Auf den betrachteten Zeitraum von 35 Jahren fällt diese allerdings eher geringfügig aus.

Während der Dax über den betrachteten Zeitraum eine Rendite von 7,1 Prozent p.a. erzielt hat, konnte die Strategie mit 8,2 Prozent p.a. leicht besser abschneiden.

In Hinblick auf die maximal zu verkraftenden Buchverluste fallen diese mit -68 Prozent auch nicht wesentlich besser aus als beim Dax (-73 Prozent).

Meiner Meinung nach sind „Buy the dip"-Strategien allerdings mit Vorsicht zu genießen. Es ist fraglich, ob die von den Medien beschriebene „gute Einstiegsgelegenheit" wirklich zu einem besseren Chance-Risiko-Profil führt.

Darüber hinaus ist festzuhalten, dass „Buy the dip"-Strategien von der Rückkehr des Basiswerts zu den ursprünglichen Kursen ausgeht und sogar darüber hinaus von sich langfristig positiv entwickelnden Kursen. Ob dies in jeder Marktlage und für den jeweiligen Basiswert wirklich der Fall ist oder ob man nicht gerade in das berühmte „fallende Messer" greift, bleibt die große Frage.

Lektion 08:

Greifen Sie nicht in ein fallendes Messer.

Nicht zuletzt stehen „Buy the dip"-Strategien im Spannungsfeld zu dem Ankereffekt[4]. Entsprechend bleibt die Fragestellung bestehen, ob die Strategie langfristig überzeugen kann[5]. Die Antwort wird Ihnen nur die Umsetzung der eigenen Strategie und deren Auswertung liefern.

---

[4] Vgl. hierzu im Kapitel "4.2 Anker-Effekt" ab S. 70.
[5] Kritisch hierzu „Buy the Dip?" von Markus Voss.

3.2   Auswahlstrategien

Market-Timing-Strategien eignen sich gut für Investitionen in Indizes. Daneben gibt es jedoch auch Auswahlstrategien. Diese setzen darauf, durch Auswahl aus dem Universum aus Aktien genau diejenigen herauszufiltern, die überdurchschnittliche Ergebnisse versprechen.

3.2.1   „Dogs of the dow"-Strategie

Wie der Name schon verraten lässt, bezieht sich die „Dogs of the dow"-Strategie in Ihrer ursprünglichen Form auf dem amerikanischen Aktienindex Dow Jones.

Entgegen der amerikanischen Verwendung der „dogs" als etwas Minderwertiges sollen hier jedoch nicht die schlechtesten Aktien in ein Portfolio genommen werden, sondern vielmehr die 5, 10 oder 15 dividendenstärksten Aktientitel. Am Ende eines jeden Jahres wird das Portfolio neu ausbalanciert, indem die neuen Top-Dividendenzahler ausgewählt werden.

Historisch über den Zeitraum von 1995 bis 2017 betrachtet hätte die „Dogs of the dow"-Strategie unter Berücksichtigung der Wiederanlage von Dividenden eine annualisierte Rendite von 10,2 Prozent erzielt. Die „Buy and hold"-Strategie auf den Dow Jones dagegen hätte im gleichen Zeitraum eine Rendite von rund 8,2 Prozent p.a. erzielt.[6]

Eine Auswertung über einen Zeitraum von über 200 Jahren konnte sogar belegen, dass mit Dividenden-Strategien eine Outperformance von 7,2 Prozent gegenüber den Referenz-Indizes möglich ist[7].

---

[6] Vgl. www.boerse.de/dividenden/Low-Five, abgerufen am 20. Februar 2019.
[7] Vgl. in „Daten aus 200 Jahren".

Eine Dividenden-Strategie auf den deutschen Leitindex Dax wird seit geraumer Zeit auch in entsprechenden Indizes abgebildet wie z.B. dem DivDax. Dieser setzt sich aus den 15 Aktien des DAX zusammen, die die höchste Dividendenrendite aufweisen.

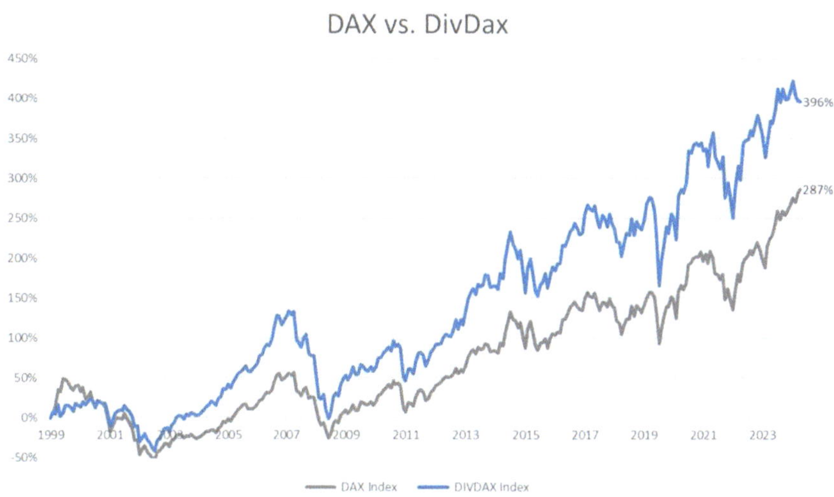

Abbildung 12: Dax vs. DivDax, Comdirect.de, eigene Berechnung.

Auf Basis der für den DivDax verfügbaren Daten ergibt sich für den Zeitraum von 25 Jahren eine Rendite von 5,6 Prozent p.a. Der Dax konnte im gleichen Zeitraum hingegen nur 4,3 Prozent p.a. erzielen. Der maximale Verlust von DAX mit -68 Prozent und DivDax mit -58 Prozent liegen allerdings nicht weit auseinander.

Es zeigt sich, dass auch für den deutschen Markt eine Outperformance der Dividendenstrategie, bzw. „Dogs of the dow"-Strategie, gut erzielbar scheint.

Es ist jedoch zu beachten, dass die „Dogs of the dow"-Strategie davon ausgeht, dass man immer zu 100 Prozent investiert ist. Krisenzeiten müssen damit vollständig investiert und „ausgesessen" werden.

Lektion 09:

Vorsicht bei dividendenorientierten Strategien in Krisenzeiten.

Denn es ist anzumerken, dass Dividendenaktien in Krisenzeiten gern überproportional von Kurseinbrüchen betroffen sind. Dies gilt es auszuhalten.

3.2.2   Growth-Strategie

Growth-Strategien hingegen setzen auf Aktien, die in der Vergangenheit eine (deutlich) bessere Performance als der Marktdurchschnitt erzielt haben.

Mit Performance ist hierbei in der Regel der Wertzuwachs im Aktienkurs innerhalb eines bestimmten Zeitraums gemeint.

In dem Spruch „The trend is your friend" steckt zusammengefasst die Annahme, dass sich bei diesen Aktien der bisherige Trend fortsetzen wird.

Lektion 10:

The trend is your friend.

Historisch gesehen hat James P. O'Shaugnessy in seinem Buch „What works on Wall Street" die Überlegenheit der Trend-Strategie für den amerikanischen Markt dargelegt[8].

Für den Zeitraum 1963 bis 2003 kommt er auf eine sagenhafte Rendite von 29,3 Prozent p.a. im arithmetrischen Mittel.

Diese Rendite gibt es jedoch nicht ohne Preis. Der Preis ist das eingegangene Risiko, abgebildet durch die Standardabweichung als deren Maß. Sie ist mit 36,4 Prozent ebenfalls wesentlich höher als bei anderen Strategien.

Trendstrategien sind geeignet, sich deutlich besser als der den Markt zu entwickeln. Allerdings ist die Schwankungsbreite, d.h. das Risiko gerade in abrupten Abschwungphasen, auch entsprechend höher.

Daher gilt – es neben der Entscheidung für eine Strategie – das eigene Mindset intensiv zu schärfen[9].

---

[8] Vgl. „What works on Wall Street", S.388.
[9] Ausführlich zum Thema „4. Mindset" ab Seite 63.

3.2.3 Value-Strategie

Jedem von uns, der sich mehr als nur beiläufig mit der Börse beschäftigt, ist der Name Warren Buffett ein Begriff. Das „Orakel von Omaha" ist für manche sogar eine Art Börsenguru.

Fest steht, dass Warren Buffett mit seinem Investitionsansatz über Jahrzehnte deutliche Wertzuwächse erzielen konnte und als DER Aktieninvestor gilt, der für den Anlagestil der Value-Strategie steht.

Das Grundkonzept der Value-Strategie ist vordergründig betrachtet relativ leicht. Die Idee ist es, in Unternehmen mit einem gesunden Geschäftsmodell und guter Substanz zu investieren.

Dabei soll aber nicht unabhängig vom Preis investiert werden und auf Wachstum gesetzt werden wie bei der Growth-Strategie.

Lektion 11:

Kaufe jeden Dollar für 50 Cent[10].

Es soll vielmehr gerade dann investiert werden, wenn der Preis der Aktie unter ihrem „wahren Wert" liegt. Dahinter steht die Ratio, dass der Aktienpreis sich am Markt mittelfristig zurück zu seinem „wahren Wert" bewegen wird.

---

[10] Warren Buffett, US-amerikanischer Großinvestor.

Der Erfolg von Warren Buffett, verkörpert durch die Kursentwicklung seiner Firma Berkshire Hathaway, steht sicherlich als Aushängeschild für die Value-Strategie.

Abbildung 13: Aktienkursentwicklung Berkshire Hathaway, comdirect.de.

Die eigene, erfolgreiche Umsetzung einer Value-Strategie scheint hingegen sowohl zeitlich als auch intellektuell herausfordernd zu sein.

So gilt es zunächst aus dem Aktienuniversum anhand von Kriterien wie bewiesener und stabiler Ertragskraft, guter Eigenkapitalrendite und niedrigem Verschuldungsgrads die substanzstarken Unternehmen herauszufiltern.

Daneben müssen Sie sich mit der Entwicklung eines (mathematisches) Modells zur Bestimmung des „wahren Wertes" der vorausgewählten Aktien beschäftigen.

Mit beiden Ansätzen zusammen, gilt es darüber hinaus den Markt zu beobachten und im richtigen Moment, nämlich bei entsprechendem Preis, in die vorausgewählten Value-Aktien zu investieren bzw. diese zu deinvestieren.

Alles in allem erfordert eine erfolgreiche Value-Strategie damit im Gegensatz zu den bisher dargestellten Strategien eine wesentlich zeitintensivere Beschäftigung mit einzelnen Aktien, deren Geschäftsmodell, Werttreibern, Wettbewerbern und Finanzkennzahlen.

Auch besteht die Gefahr, sich zu sehr auf nur einzelne Kennzahlen zu fokussieren und dabei wichtige qualitative Faktoren nicht oder zu gering zu berücksichtigen.

Eine solche Strategie wird daher nur mit intensiver und gleichzeitig systematischer Herangehensweise zum Erfolg führen. Der Erfolg kann dafür aber mehr als beachtlich ausfallen.

3.2.4 Scoring-Strategien

Neben der Investment-Legende Warren Buffett und der von ihm verfolgten Value-Strategie gibt es weitere, vielleicht nicht ganz so bekannte Namen, die ebenfalls mit deutlichen Überrenditen in Vergangenheit überzeugen konnten.

Personen wie Susann Levermann für den deutschsprachigen Raum oder Joseph Piotroski[11] für den amerikanischen Raum konnten sehr erfolg-

---

[11] Piotroski, Joseph D. (2002).

reich am Markt agieren. Die von Ihnen verwendeten Ansätze sind quantitative Investitionsstrategien unter Verwendung eines jeweils eigenen Scoring-Modells.

Dies möchte ich Ihnen einmal am Modell der Levermann Strategie erläutern:

Levermann verwendet die nachfolgenden dreizehn Kennzahlungen und vergibt für jede eine Punktebewertung zwischen -1 und 1:

Kennzahl	Kurzbeschreibung
1. Eigenkapitalrendite	Rendite des eingesetzten Kapitals ➜ Je höher die Eigenkapitalrendite, desto ertragsstärker ist das Unternehmen
2. EBIT-Marge	Prozentsatz des EBITs bezogen auf die Umsatzerlöse ➜ Je höher die EBIT-Marge, desto mehr Ertrag wird aus dem Umsatz generiert
3. Eigenkapitalquote	Verhältnis aus Eigenkapital zu Gesamtkapital ➜ Je höhere die Eigenkapitalquote, desto solider ist das Unternehmen aufgestellt.
4. KGV 5 Jahre	Mittelwert der letzten 5 Jahre des Verhältnisses des Aktienkurses bezogen auf den Unternehmensgewinn

		→ Je geringer dieser Wert, desto weniger hoch bewertet ist die Aktie
5.	KGV aktuell	Aktuelles Verhältnis des Aktienkurses bezogen auf den Unternehmensgewinn → Je geringer dieser Wert, desto weniger hoch bewertet ist die Aktie
6.	Analystenmeinungen	Einschätzung der Analysten zur Aktie als Kauf-, Halten oder Verkaufsempfehlung
7.	Reaktion auf Quartalszahlen	Entwicklung des Aktienkurses nach Veröffentlichung der Quartalszahlen
8.	Gewinnrevision	Gewinnwarnungen des Unternehmens
9.	Kurs aktuell gegenüber Kurs vor 6 Monaten	Kennzahl über die Kursentwicklung → Positiv, wenn Kurs höher ist als vor 6 Monaten
10.	Kurs aktuell gegenüber Kurs vor 1 Jahr	Kennzahl über die Kursentwicklung → Positiv, wenn Kurs höher ist als vor einem Jahr
11.	Kursmomentum	Kennzahl, die die Trendlinien Kennzahl 9 und 10 vergleicht → Positiv, wenn Kennzahl 9 über Kennzahl 10 liegt
12.	Dreimonatsreversal	Kennzahl, die die Entwicklung der Aktie in Relation zum DAX bestimmt → Positiv, wenn Aktie sich schlechter in den 3 Monaten entwickelt hat als der DAX

13. Gewinnwachstum	Wachstums des Gewinns des aktuellen Jahres gegenüber dem Vorjahr ➜ Positiv, wenn Kennzahl positiv ist

Auf Basis dieser dreizehn Kennzahlen mit entsprechenden Ergebniskorridoren vergibt Susann Levermann Punkte zwischen -1, 0 und +1. So ergibt sich für jede Aktie eine Gesamtpunktzahl.

Auf dieser Basis wird das eigene Portfolio alle zwei Wochen betrachtet. Aktien, deren Gesamtpunktzahl 4 oder mehr Punkte erreicht, werden gekauft. Aktien aus dem Portfolio, deren Punktzahl auf 2 oder geringer fällt, werden verkauft.

Während Susann Levermann in ihren dreizehn Kriterien auch Marktmeinungen und -entwicklungen (Nr. 6 u. 7) und relative Bezüge (Nr. 12) berücksichtigt, stellt Piotroski in seinem Scoring Modell rein auf Bilanzkennzahlen ab. Für ihn sind rein sich aus der Bilanz ergebende Kennzahlen zur Profitabilität (Jahresüberschuss, Cashflow, return on assets), Finanzierungssituation (Verschuldungsgrad, Liquidität 3.Grades, Anzahl ausstehender Aktien) und operative Effizienz (Rohmarge, Kapitalumschlag) relevant.

Die Modelle können sich in Ihren Kriterien und in der Bewertung im Einzelnen unterscheiden. Gemein ist jedoch, dass sie auf ein enges Korsett an Kriterien und einem klaren Bewertungsmodell abstellen. Sie lassen in ihrer konsequenten Anwendung keinen Platz für Interpretationen und Emotionen.

Daher konnten sie wohl auch in Vergangenheit überzeugende Ergebnisse erzielen.

Gleichwohl sind Scoring-Modelle natürlich mit Augenmaß zu verwenden und die vorgestellten ggf. noch zu erweitern. So rät das Modell nach Levermann oftmals zur Investition in unterbewertete Aktien. Dies können jedoch oftmals gerade Aktien sein, die notleidend sind. Ob dies in jeder Marktlage und nachhaltig über zehn und mehr Jahre erfolgsversprechend ist, bleibt abzuwarten.

3.3   Index-Strategien

Die im vorherigen Kapitel beschriebenen Auswahl-Strategien bezogen sich auf die Auswahl eines kleinen konzentrierten Portfolios von Aktien aus dem Gesamtmarkt.

Indexstrategien setzen hingegen auf die Entwicklung einzelner Indizes und deren optimierte Allokation.

Statistisch ergeben sich zum Beispiel für DAX, MDAX und SDAX die folgenden Performance-Kennzahlen für den Zeitraum 1990 – 2024 auf Quartalsbasis.

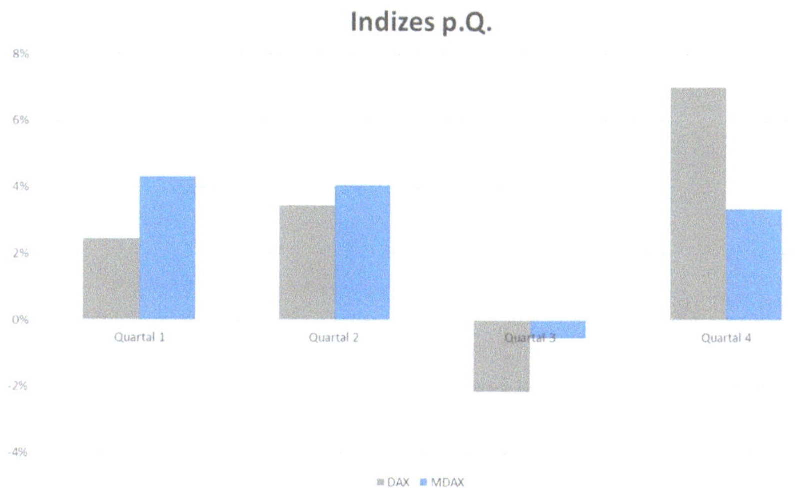

Abbildung 14: Durchschnittsrenditen DAX und MDAX auf Quartalsbasis, Zeitraum: 1990-2024, comdirect.de, eigene Berechnung.

Es zeigt sich, dass in den ersten drei Quartalen des Jahres der MDAX deutlich besser abschneidet als der DAX. Im letzten Quartal kann der DAX deutlich den MDAX outperformen.

Ob es an der Jahresendrally liegt oder dem Window-Dressing der großen Fonds oder ganz andere Gründen ausschlaggebend sind, lässt sich nicht abschließend sagen.

Folgt man dieser statistischen Auffälligkeit dennoch und setzt sich diese in der Zukunft fort, so könnte eine aussichtsreiche Investitionsstrategie wie folgt lauten:

| Januar – September | Investition in den MDAX, z.B. via ETF |
| Oktober – Dezember | Investition in dem DAX, z.B. via ETF |

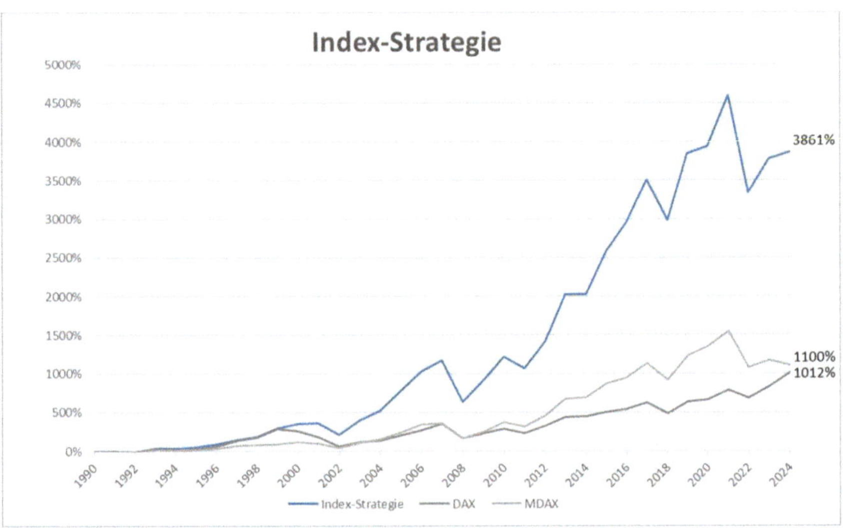

Abbildung 15: DAX und MDAX vs. Index-Strategie, comdirect.de, eigene Berechnung.

Die Abbildung verdeutlicht, welch überragende Ergebnisse sich langfristig mit dieser Strategie erzeugen lassen. Im betrachteten Zeitraum hätte sich ein Vermögenszuwachs von rund 3.861 Prozent erzielen lassen. Der MDAX hätte im gleichen Zeitraum ca. 1.100 Prozent, der DAX 1.012 Prozent an Vermögenszuwachs generiert.

Auf diese relativ einfache Weise hätte man also eine Performance von 11,1 Prozent p.a. (vor Steuern und Gebühren) erzielen können. Der maximale Verlust auf Jahresbasis betrug rund -41,8 Prozent. Auch wenn der Dax mit 7,1 Prozent p.a. und der MDAX mit 7,4 Prozent p.a. über diesen langen Zeitraum ebenfalls für gute Gewinne im Depot gesorgt hätten, so fallen diese dennoch deutlich hinter dieser Index-Strategie zurück. Der maximale Verlust auf Jahresbasis im DAX betrug rund -43,9 Prozent und -43,2 Prozent im MDAX.

Der Zeitaufwand für diese einfache Index-Strategie das eigene Portfolio vier Mal im Jahr neu zu allokieren, erscheint für die erzielbare Rendite und dem deutlich verbesserten Risikoprofil sehr überschaubar.

Jedoch heißt es auch hier, stringent der gewählten Strategie zu folgen. Kurseinbrüche während des Jahres gilt es auszuhalten.

3.4   Kombinierte Ansätze

Die zuvor beschriebene Index-Strategie auf den DAX und MDAX kann sogar mit weiteren Strategien noch kombiniert werden. So zum Beispiel mit dem „Sell in summer"-Ansatz.

Die Strategie würde damit wie folgt lauten:

Investiere in den Monaten Januar bis Juli in den MDAX und von Oktober bis Dezember in den DAX. Historisch gesehen hätte diese Strategie zu folgenden Ergebnissen geführt:

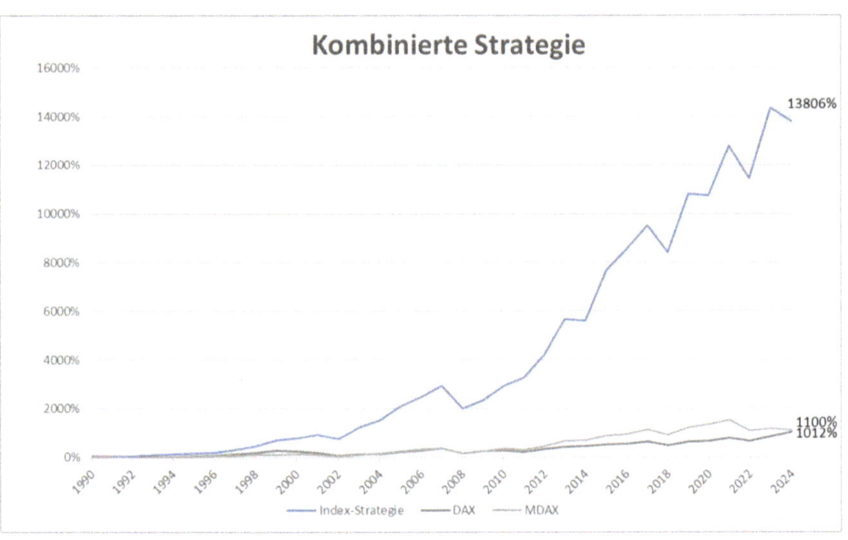

Abbildung 16: Kombinierte Strategie vs. DAX vs. MDAX, comdirect.de, eigene Berechnung.

Diese kombinierte Strategie hätte auf den Zeitraum 1990 – 2024 gesehen eine Rendite von 15,1 Prozent p.a. bei einem maximalen Verlust auf Jahresbasis von rund -31 Prozent erzielen können. Der DAX mit 7,1 Prozent p.a. und MDAX mit 7,4 Prozent p.a. konnten mit ihren höchsten

Jahresverlusten von bis zu -44 Prozent bzw. -43 Prozent dieser Strategie kaum das Wasser reichen.

Diese kombinierte Strategie konnte damit eine doppelt so hohe Rendite bei einer wesentlich verbesserten Risikosituation realisieren. Im gleichen Maße wie die Index-Strategie ist auch diese mit sehr überschaubaren Zeiteinsatz verbunden.

Festzuhalten ist jedoch, dass auch hier der Erfolg von der stringenten Anwendung der Strategie abhängig bleibt. Das eigene, geschulte Mindset[12] ist hierfür ein wesentlicher Erfolgsfaktor.

―――――――――――――――――――――

[12] Vgl. hierzu im Kapitel „4. Mindset" ab S.63.

3.5 Strategieansätze im Vergleich

Die in diesem Kapitel dargestellten Investitionsstrategien haben gezeigt, dass es eine Vielzahl verschiedener Strategieansätze gibt, die erfolgsversprechend sein können. Gemein ist allen Ansätzen, dass man der gewählten Strategie diszipliniert und konsequent folgen muss[13].

Nachfolgende Grafik veranschaulicht die verschiedenen Investitionsansätze über den Zeitraum 1990 bis 2024 im Vergleich:

Abbildung 17: Strategien im Vergleich, Comdirect.de, eigene Berechnung.

In Tabellenform lassen sich die Kennzahlen zu den Strategien und Indizes in der Reihenfolge ansteigender Renditen wie folgt zusammenfassen:

---

[13] Vgl. hierzu im Kapitel „5.1 Disziplin und Ausdauer" ab S. 85.

Strategie/Index	Rendite p.a.	Maximaler Verlust p.a.
DAX	7,1%	-43,9%
Buy the dip	8,2%	-68,3%
MDAX	7,4%	-43,2%
Gebert-Strategie	11,7%	-11,4%
Sell in Summer	13,1%	-26,7%
Index-Strategie	11,1%	-41,8%
Kombinierte Strategie	15,1 %	-30,8%

Auch ohne Berücksichtigung der in Kapitel „3.2 Auswahlstrategien" dargestellten Ansätze zeigt die vergleichende Betrachtung sehr anschaulich, dass es überzeugende Strategien neben der reinen „Buy and hold"-Strategie auf Indizes wie den DAX oder MDAX gibt.

Strategien die eine erhöhte Rendite versprechen und gleichzeitig ein geringeres Risiko in sich tragen. Allen Ansätzen gemein bleibt jedoch, dass Sie etwas wagen müssen und die Umsetzung der Strategieansätze auf längere Sicht angehen müssen.

Welcher einzelnen Investitionsstrategie Sie hierbei den Vorzug geben möchten und welchen Ansatz Sie weiterverfolgen, hängt von Ihren eigenen Präferenzen und Überzeugungen ab.

3.6   Exkurs: Backtestings

Für die in diesem Kapitel dargestellten Strategien habe ich durch entsprechende Rückrechnungen, sogenannte Backtestings, verdeutlicht, wie erfolgreich einzelne Strategien sein können.

In der Fonds- und Finanzanlage-Branche werden in der Regel solche Backtestings verwendet, um den Erfolg von Anlagestrategien zu veranschaulichen.

Dies ist als Indikation sicherlich auch sehr sinnvoll. Allerdings sind Märkte, Sektoren bis hin zu einzelnen Aktien nicht statisch. Sie verändern sich regelmäßig und oftmals auch langfristig.

So hätte z.B. die Investition in die Flagschiffe der deutschen Automobilindustrie für die Jahre 2010 bis 2014 sehr sinnvoll erschienen wie nachfolgender Chart visualisiert:

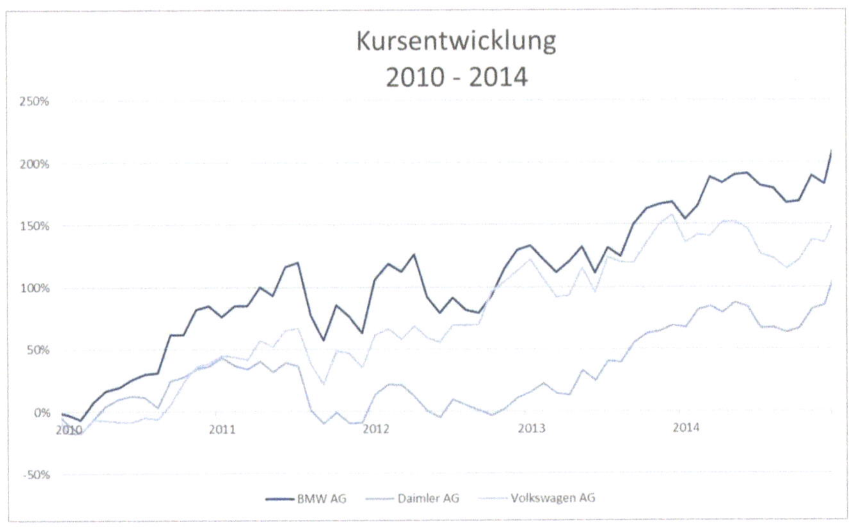

Abbildung 18: BMW AG, Daimler AG, Volkswagen AG, 2010 – 2014, Quelle: comdirect.de.

Ob dies auch ab dem Jahr 2015 unter den Veränderungen innerhalb dieser Industrie und unserer Gesellschaft sinnvoll erscheint, bleibt abzuwarten.

Schlagworte wie Dieselgate, Shareconomy und Digitalisierung waren hier sicherlich nur Teilaspekte, die zum Stagnieren bzw. Fallen der Kurse in den Jahren 2015 bis 2019 geführt haben.

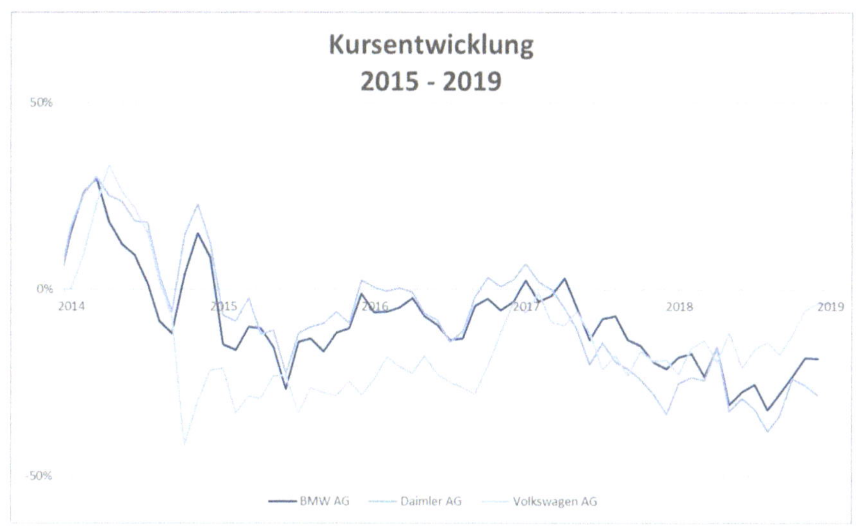

Abbildung 19: BMW AG, Daimler AG, Volkswagen AG, 2015 – 2019, Quelle: comdirect.de.

Die Kursentwicklung in diesem Industriezweig ist ein gutes Beispiel, wie sich aussichtsreiche Investitionen in entgegengesetzte Richtungen entwickeln können.

Daher hinterfragen Sie jede Anlagemöglichkeit, jede Strategie und jedes Backtesting genau, was die zugrundeliegenden Werttreiber sind und ob diese für die Zukunft weiterhin Anwendung finden können.

Lektion 12:

Finde Sie die Werttreiber in jeder Strategie.

Die in diesem Buch dargestellten und größtenteils mit Backtestings unterlegten Strategien setzen nicht auf abbrechende Trends oder Modethemen. Sie versuchen sich vielmehr übergeordnete Marktmechanismen zu Nutze zu machen.

Dennoch können Sie nur als Ausgangspunkt für Ihre eigenen Überlegungen und Strategie-Ansätze dienen. Beachten Sie daher bei Ihren eigenen, aber auch bei fremden Backtestings, dass diese nur Bestätigung einer für Sie nachvollziehbaren These sind.

Allzu leicht erliegen wir nämlich dem Phänomen des sogenannten „Curve Fittings". Damit ist das Erzielen von besten Ergebnissen im Rahmen von Backtestings gemeint, die durch geeignete Anpassungen von Parametern erzielt wird. Auf diese Weise lassen sich auf dem Papier herausragende Ergebnisse erzielen, die allerdings allzu oft in der Praxis versagen.

Daher hinterfragen Sie stets, was die Werttreiber einer Strategie und die Thesen sind, auf denen die Backtestings fußen.

4. Mindset

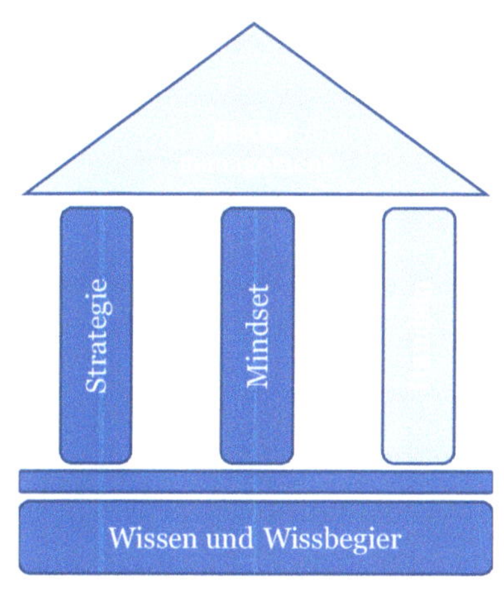

Ihre Villa des Vermögensaufbaus nimmt langsam deutlichere Gestalt an.

Mit Ihrem Wissen und Ihrer Wissbegier haben Sie ein solides Fundament gelegt. Sie haben sich mit unterschiedlichen Anlagestrategien beschäftigt und idealerweise die für Sie passende gewählt und entwickeln diese laufend fort. Damit haben Sie eine tragende Säule für Ihren Vermögensaufbau gesetzt.

Doch dies allein wird für eine erfolgreiche und nachhaltige Umsetzung nicht reichen. Es braucht mehr!

Ihr Mindset, die eigene Psyche, wird von entscheidender Bedeutung für Ihren Erfolg sein. Denn Ihr Gehirn wird sie betrügen wollen.

Es wird versuchen, dass Sie bei guten Entwicklungen Ihrer Investments diese (Buch-)Gewinne vorzeitig und entgegen Ihrer Strategie realisieren.

Und Ihre Psyche wird versuchen, dass Sie beim Eintritt von dunklen Wolken am Horizont Reißaus nehmen. Ihre Psyche wird Ihnen, ohne dass Sie sich dagegen wehren können, beim Eintritt von (Buch-)Verlusten sagen, jetzt aus der gewählten Strategie auszusteigen.

Diese psychischen Reflexe sind grundsätzlich gut und wichtig. Denn die Ernte des eigenen Handels einzufahren und Gefahren zu meiden, ist im

Normalfall eine sinnvolle und logische Reaktion. Für die Welt der Investitionen gilt dies allerdings nur bedingt.

Lektion 13:

Der größte Feind eines Investors ist er selbst.

Denn die eigene Psyche spielt Investoren sehr oft „einen Streich". Die Wissenschaft hat sich intensiv mit diesen „Streichen" unter dem Schlagwort „Behavioral Finance" beschäftigt. So gibt es eine Reihe von psychologischen Fallen, in die Investoren immer wieder zu Ihrem eigenen Nachteil tappen.

Daher ist es essentiell, dass Sie sich vertraut machen mit den psychologischen Effekten, die beim Umgang mit Geld und Investitionen stattfinden können. Es ist wichtig diese psychologischen Effekte zu kennen, zu erkennen und zu lernen, mit ihnen umzugehen.

Die folgenden Kapitel beschäftigen sich mit diesen Phänomenen. Ich empfehle Ihnen, sich intensiv damit auseinanderzusetzen. Für Ihren Erfolg wird dieser Teil meiner Meinung nach mehr als entscheidend sein.

4.1   Risiko- und Verlustaversion

Investitionen an Kapitalmärkten, abseits von Festgeld und Staatsanleihen erster Bonität vielleicht, tragen immer ein Verlustrisiko in sich. Daher sind in aller Regel die Renditeaussichten auch höher gegenüber (vermeintlich) risikolosen Anlagen. Der Mensch und speziell auch der Investor ist vom Grundsatz her hingegen ein risikoscheues Wesen.

Hierzu ein vereinfachtes erstes Beispiel: Sie können entweder in eine (risikolose) Festgeldanlage zu 9 Prozent p.a. investieren oder in den Dax, der historisch gesehen auf dieselbe Rendite im Durchschnitt kommt.

Die allermeisten Investoren würden sich in diesem Beispiel für die Festgeldanlage entscheiden. Wohl zurecht. Zum einem besteht das Risiko bei Investition in den DAX zum falschen Zeitpunkt zu investieren und eine deutlich geringere Rendite bis hin zu einem Verlust zu erzielen. Daneben spielt für die Entscheidung des Investors aber auch eine wesentliche Rolle, dass der DAX im Gegensatz zum Festgeld Schwankungen ausgesetzt ist. Diese Ungewissheit und damit dieses Risiko will der rationale Investor vermeiden.

In der Realität stellt sich die Entscheidung natürlich wesentlich komplexer dar. Es gilt nicht allein zwischen risikolosen versus risikobehafteten Anlagen zu entscheiden. Zum einen muss man wohl sagen, dass es (heutzutage) keine risikolosen Anlagemöglichkeiten gibt. Zum anderen spiegelt sich gerade in der höheren Rendite einer Anlagemöglichkeit das eingegangene Risiko wieder und wird durch die Rendite vergütet.

So könnte ein realitätsnäheres Beispiel wohl wie folgt lauten: Sie können entweder in eine Unternehmensanleihe guter Bonität zu 2 Prozent p.a. investieren oder in den DAX, der historisch gesehen auf eine Rendite von

9 Prozent im Durchschnitt kommt. Wie würden Sie nun entscheiden? Wählen Sie die Anlage mit geringem Ausfallrisiko und 2 Prozent Rendite oder wählen Sie die Anlagemöglichkeit mit über dem vierfachen an Renditemöglichkeit bei der unterjährige Kursschwankungen von +/- 10 Prozent keine Seltenheit sind.

Die Antwort auf diese Frage ist sicherlich wesentlich schwieriger.

Studien[14] haben sich mit dieser Fragestellung eingehend beschäftigt und kamen auf sehr interessante Ergebnisse. So fanden sie heraus, dass für den Menschen ein Verlust doppelt so viel schmerzt wie ein Gewinn Freude macht. Anders gesagt – Menschen bewerten Renditeaussichten mit geringerer Gewichtung als die damit einhergehenden Verlustrisiken.

---

[14] The Effect of Myopia and Loss Aversion on Risk Taking: An Experimental Test.

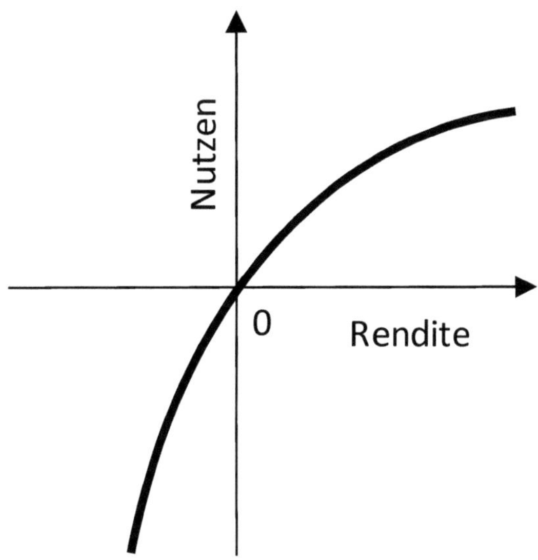

Abbildung 20: Rendite-Nutzen-Relation, eigene Darstellung.

Diese asymmetrische Bewertung von Chancen und Risiken führt bei uns dazu, dass wir tendenziell dazu neigen, in risikoärmere Anlagemöglichkeiten zu investieren. Dies geht zu Lasten unserer langfristig erzielbaren Rendite.

Die Verlust- bzw. Risikoaversion unterscheidet sich dabei von Mensch zu Mensch in Abhängigkeit von seinen Erfahrungen und persönlichen Präferenzen. In der Spitze kann die Verlust- bzw. Risikoaversion dazu führen, dass überhaupt keine Risiken mehr eingegangen werden und damit auch die Aussicht auf Renditen erlischt.

Ich wünsche Ihnen, dass diese Situation sich für Sie niemals einstellt.

Um mit der eigenen Verlustaversion sinnvoll umzugehen, empfehle ich Ihnen, sich intensiv Gedanken und idealerweise Berechnungen zu Ihrem maximal verkraftbaren Verlust zu machen. Passen Sie entsprechend dieser Ergebnisse Ihren Kapitaleinsatz an[15]. So sind Sie zumindest auf den überwiegenden Regelfall vorbereitet und können genau solche Verlustphasen mit kühlem Kopf „aussitzen".

Lektion 14:

Passen Sie Ihren Kapitaleinsatz an den maximal verkraftbaren Verlust an.

Darüber hinaus empfehle ich für Ihre Investitionstätigkeit nicht von Tag eins den vollen Einsatz zu nehmen. Passen Sie vielmehr Ihren Kapitaleinsatz sukzessive an. Auf diese Weise sehen Sie zum einen, ob die von Ihnen angewandte Investitionsstrategie den Praxistest standhält.

Viel wichtiger aber ist, dass Sie sich an die Gewinne, insbesondere aber auch eintretenden (Buch-)Verluste und zwischenzeitlichen Kurseinbrüche gewöhnen.

---

[15] Vgl. hierzu im Kapitel „6.1 Investitionsbudget" ab S.93.

Lektion 15:

Steigern Sie erst sukzessive Ihren Kapitaleinsatz.

4.2   Anker-Effekt

Sie haben vom Anker-Effekt noch nie gehört und Sie auch wissen nicht, warum Kenntnisse um diesen gerade für Ihre Investitionsvorhaben so wichtig sein kann? Dann lesen Sie bitte sehr aufmerksam die nächsten Absätze.

Worum geht es also beim Anker-Effekt? Hierzu ein Beispiel: Ein Weinhändler bietet Ihnen eine Flasche Wein zum Preis von 30 Euro an und offeriert Ihnen aber im weiteren Gespräch einen Rabatt von 10 Euro. Ist das ein guter Deal für Sie? Kaufen Sie die Flasche Wein?

Wenn Sie sich für „JA" entschieden haben, sind Sie wie die meisten Menschen in die Falle des Anker-Effekts getreten. Der Verkäufer hatte mit dem Preis von 30 Euro einen Anker gesetzt, der sich in unseren Köpfen festgesetzt hat. Für die Entscheidung, in diesem Fall Kauf oder Nicht-Kauf, versucht unser Gehirn anhand von Vergleichswerten die Entscheidung vorzunehmen. Ein Preis von rund 20 statt 30 Euro klingt nach einem guten Deal. Ist dies allerdings wirklich so? Oder war die Flasche Wein vielleicht nur 5 Euro wert?

Allgemeiner formuliert – unser Gehirn sucht bei der Entscheidungsfindung nach Vergleichswerten. Hierzu orientiert es sich sehr oft an zuvor gesetzten Ankerinformationen. Ob diese Informationen jedoch wirklich gute Vergleichswerte darstellen, sollten Sie stets hinterfragen.

Lektion 16:

Hinterfragen Sie bei Ihren Entscheidungen mögliche Ankerinformationen.

Zum Phänomen des Anker-Effekts durchgeführte Studien[16] zeigen dabei sogar auf, dass teilweise Ankerinformation, die in keinerlei Zusammenhang zu den zu treffenden Entscheidungen stehen, Einfluss nehmen können.

Der Verhaltensökonomen Dan Ariely hat ein eindrucksvolles Experiment zur Veranschaulichung des Ankereffekts durchgeführt:

Experiment: Es wurden Teilnehmer einer Studie gebeten, die letzten beiden Ziffern Ihrer Sozialversicherungsnummer auf einen Zettel zu schreiben. Anschließend wurde eine Flasche Wein versteigert.

Ergebnis: Studienteilnehmer mit einer großen Endziffer (im Gegensatz zu einer kleinen) waren bereit, das rund Dreifache für dieselbe Flasche Wein zu zahlen.

Quintessenz: Menschen wählen Ankerinformationen für ihre weiteren Entscheidungen, selbst wenn diese Anker in keinerlei Zusammenhang zu den zu treffenden Entscheidungen stehen.

17

---

[16] Erstmals durch Tversky/Kahnemann im Jahr 1974.
[17] https://karrierebibel.de/ankereffekt.

Doch wie und wo wirkt der Anker-Effekt in unserem Investment-Verhalten?

Kennen Sie nicht auch Aussagen aus den Finanzmedien wie „Nutzen Sie Rücksetzer zum Einstieg in diese wachstumsstarke Aktie." oder „DAX demnächst bei 22.000 Punkten."

In diesen beiden wie auch in vielen anderen Aussagen erliegen wir oftmals dem Ankereffekt.

Daher vermeiden Sie für Ihren Investitionserfolg, in die Falle des Ankereffekts zu tappen.

Dies funktioniert zum einen durch die Entwicklung einer eigenen Investitionsstrategie, die von den Grundthesen und auch im Backtesting überzeugt. Setzen Sie diese Ihre Strategie dauerhaft und konsequent um.

Lektion 17:

Vermeiden Sie den Ankereffekt durch konsequente Anwendung der eigenen Investitionsstrategie.

Nichts Anderes macht übrigens Warren Buffett. Indem er konsequent seine Investitionskandidaten im Blick hat und zu nach seinem System gesetzten Kaufpreise unabhängig von Analysten- oder Marktmeinungen investiert und deinvestiert.

4.3 Sunk-Cost-Problematik

Das Problem der versunkenen Kosten ist Ihnen im beruflichen Alltag bestimmt schon begegnet.

Ihr Unternehmen hat ein budgetiertes Zeitkontingent und Geldbudget in die Hand genommen, um ein Projekt zu realisieren. Leider stellt sich heraus, dass nach Verwendung dieser Mittel das Projekt nicht fertiggestellt werden konnte. Es bedarf eines weiteren Einsatzes von Geld und Zeitressourcen.

Hierzu ein vereinfachtes Beispiel: mit der Erstinvestition wurden 10 Millionen Euro verwendet. Mit weiteren 10 Millionen kann das Projekt finalisiert werden und damit einen Erlös von 12 Millionen erzielen.

In die Entscheidung, ob weiter investiert wird oder nicht, beziehen viele nun die bereits verlorenen Kosten aus der Erstinvestition mit ein und kommen zu dem Schluss, dass das Projekt einen Verlust erzielen wird. Die weitere Investition wird nicht vorgenommen – eine Fehlentscheidung!

Die verlorenen Kosten aus der Erstinvestition spielen keine Rolle. Diese Verluste sind bereits eingetreten. Mit der Zweitinvestition, die unabhängig hiervon beurteilt werden sollte, kann ein Gewinn von 2 Millionen erzielt werden. Daher sollte die Entscheidung zur weiteren Investition getroffen werden.

Das Beispiel zeigt vereinfacht und ohne Berücksichtigung des Faktors „Unsicherheit", dass wir Menschen dazu neigen, verlorene Kosten in unsere Entscheidungsfindung mit einzubeziehen. Somit kommen wir zu objektiv nachteiligen Ergebnissen.

Für Ihre Investitions- und Desinvestitionsentscheidungen ist es daher nicht relevant, ob Sie bereits (Buch-)Gewinne oder Verluste erzielt haben. Einzig relevant ist, ob zum Zeitpunkt Ihrer Entscheidung die Aussichten positiv sind oder nicht.

Lektion 18:

Richten Sie bei Investitionsentscheidungen Ihren Blick nach vorn.

Richten Sie daher Ihren Blick nach vorn. Vernachlässigen Sie die jüngste Vergangenheit der „sunk costs" und fällen Ihre Entscheidungen rational.

4.4 Overconvidence[18]

Selbstüberschätzung – das ist bewusst für die meisten von uns sicherlich kein Thema. Unterbewusst sieht dies aber schon ganz anders aus.

Starten Sie doch einmal den Selbstversuch und fragen 10 Bekannte, ob sie sich für einen durchschnittlichen oder überdurchschnittlich guten Autofahrer halten. Im Normalfall wird das Ergebnis sein, dass 8 von 10 sich für einen überdurchschnittlich guten Autofahrer halten. Es halten sich also 80 Prozent für überdurchschnittlich – ein allein mathematisch unmögliches Ergebnis, was nicht der Realität entsprechen kann. Das Experiment ist ein schönes Beispiel zur Verdeutlichung wie wir Menschen uns oft selbst überschätzen.

Leider führt das Phänomen der Selbstüberschätzung auch und gerade im Bereich des Investierens zu Verzerrungen. So schätzen wir die eigenen Fähigkeiten höher ein als sie in Wirklichkeit sind. Wir überschätzen auch, wie oft wir mit den eigenen Einschätzungen richtigliegen. Ein gefährliches Phänomen, dass Ihnen teuer zu stehen kommen kann.

Daher seien sich dieses Phänomens immer bewusst und bleiben Sie bescheiden.

---

[18] Vgl. Fischer/Kutsch/Stephan.

Lektion 19:

Bleiben Sie bescheiden und hinterfragen Sie sich regelmäßig.

Da das Phänomen der Selbstüberschätzung schwer zu greifen ist, befürworte ich stark auf technische Investitionsstrategien zu setzen, die die eigene Einschätzung und subjektiven Bewertungen minimieren bzw. ausschalten.

Natürlich gibt es auch viele gute Gründe Investitionsstrategien zu verfolgen, die gerade auf Einschätzungen und Prognosen fußen. Wenn Sie solche Strategien verfolgen, empfehle ich Ihnen, Ihre Einschätzungen in einem Logbuch regelmäßig und laufend zu tracken. Nur so lässt sich nachvollziehen, wie gut Ihre Einschätzungen längerfristig wirklich sind und dass Sie nicht dem Phänomen der Selbstüberschätzung doch erlegen sind.

Zuletzt vielleicht noch etwas Positives zum Thema Selbstüberschätzung:

Überschätzen Sie sich nicht selbst. Aber behalten Sie trotzdem eine gute Portion Selbstbewusstsein oder vielmehr Selbstvertrauen. Denn andernfalls landen Sie in der bereits beschriebenen Falle der Verlust- und Risikoaversion und verpassen die Chancen, die der Kapitalmarkt bietet.

4.5   Selektive Wahrnehmung und Recency

Bei der Wahl der eigenen Investitionsstrategie und auch –taktik folgt man in der Regel dem nachfolgenden Muster:

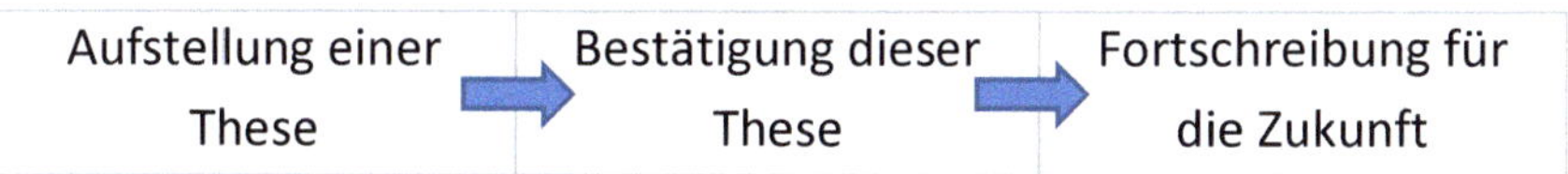

Zunächst erfolgt die Aufstellung einer These. Die Bestätigung dieser These kann durch empirische Nachweise oder Kalkulationen für die Vergangenheit[19] durchgeführt werden. Bei Bestätigung der These kann unter der Annahme, dass die Marktumstände oder sonstigen Gegebenheiten sich nicht verändert haben, eine Fortschreibung für die Zukunft erfolgen. D.h. man verwendet die aufgestellte und bestätigte These als Basis für die eigene Investitionsstrategie oder -taktik. Diese Vorgehensweise klingt logisch und systematisch sinnvoll.

Bei genauerer Betrachtung dieser Vorgehensweise können jedoch schon im ersten Schritt, also bei der Aufstellung einer These, folgenschwere Denkfehler auftreten.

So neigen wir dazu, unsere Informationen so zu beobachten, auszuwählen und zu bewerten, die unsere Vorstellungen bestätigen. Wir neigen dazu Informationen, die unsere These stützen, als Bestätigung dieser zu werten. Informationen hingegen, die unseren Thesen zu wider laufen, „entwerten" wir durch Argumente, warum diese Information keine Anwendung findet oder warum unsere Situation gerade anders gelagert ist. Unser Gehirn nimmt diesen selektiven Prozess der Informationswahrnehmung und -verarbeitung selbstständig vor.

---

[19] Vgl. Kapital „3.6 Exkurs: Backtestings" ab S.60.

Dies kann, wie Sie sich sicher vorstellen können, für die eigene Investitionsstrategie, taktische Allokation und Investition bzw. Desinvestition zu folgenschweren Fehlschlüssen führen.

Durch unsere moderne Informationsgesellschaft und insbesondere das Internet wird diese selektive Wahrnehmung noch verstärkt. Wir suchen oftmals bereits mit vorselektierten Fragestellungen im World Wide Web nach den Informationen, die genau unsere These bestätigen und werden sicherlich auch fündig.

Vermeiden Sie mit allen Mitteln diesen Gedankenfehler der selektiven Wahrnehmung zu Ihrem eigenen Schutz. Aber wie?

Als erstes seien Sie Sich dieses Gedankenfehlers bewusst und hinterfragen Sie Ihre eigenen Thesen regelmäßig. Lesen Sie in Fachlektüre zu Ihren Thesen. Auch und gerade solche Artikel, die Ihre These widerlegen könnten.

Weiterhin empfehle ich Ihnen, sich mit anderen auszutauschen, die Sie mit Ihrer These vertraut machen. Hieraus offenbart sich für Sie oftmals ein ganz anderer Blickwinkel auf die Themen. Setzen Sie Sich hier hiermit intensiv auseinander.

Lektion 20:

Stellen Sie die eigenen Thesen regelmäßig und im Austausch mit anderen in Frage.

Auch beinhaltet jede These immer eine zeitliche Komponente. Thesen, die für viele Jahre richtig waren, können ab einem bestimmten Zeitpunkt und durch Veränderung des Umfeldes „falsch" werden. Daher hinterfragen Sie Ihre Thesen, die Basis für Ihre Entscheidungen sind, auch regelmäßig.

Ein weiterer Denkfehler in diesem Zusammenhang lässt uns ebenfalls zu falschen Thesen und Schlussfolgerungen kommen. So neigen wir dazu jüngeren Ereignissen stärker gewichtet in unsere Betrachtung einfließen zu lassen als ältere. Dieses Phänomen ist auch als der Recency-Effekt bekannt[20].

Das beste Beispiel hierfür sind kurzfristig erfolgte Kurseinbrüche an die Aktienmärkte. Diese sorgen schnell für Verunsicherung und führen oftmals schlagartig zum Absenken der Langfristprognosen.

Achten Sie einmal darauf, wie schnell sich die Meinung der Medien zu den Marktaussichten ändert, wenn nach einer längeren Aufwärtsphase DAX, MDAX & Co. einen Rücksetzer von 5 Prozent oder mehr innerhalb weniger Tage einfahren. Eine Situation, die durchaus nicht ungewöhnlich ist. Wir Menschen blenden diese historische Normalität allerdings allzu gern aus. Stärker gewichtet wird von uns die jüngere Vergangenheit und lässt uns damit in der Regel in eine Falle laufen.

Daher rate ich Ihnen ab von Strategien, die auf kurzfristige Trends setzen. Verfolgen Sie langfristige Strategien und seien Sie sich bewusst, welchen Schwankungen diese Strategien unterlegen. So kommen Sie bei Eintritt dieser Schwankungen nicht selber ins Schleudern.

---

[20] Vgl. Herrmann in Süddeutsche Zeitung v. 5. Juni 2014.

4.6   Übertreibung

Nichts gehört wohl mehr zur Börse als Übertreibungen. Gemeint sind damit insbesondere die steilen Anstiege und oftmals anschließenden noch steileren Abstürze der Aktien- und Börsenkurse. Dieses Phänomen ist eine Eigenart der Börse, die sie gefährlich und für viele unkalkulierbar macht.

Die jüngeren Übertreibungen wie zum Beispiel die Krise nach dem Platzen der Dotcom-Blase in 2000 oder die globale Finanzkrise nach der Lehman-Pleite in 2008 sind den meisten von uns sicherlich noch vertraut.

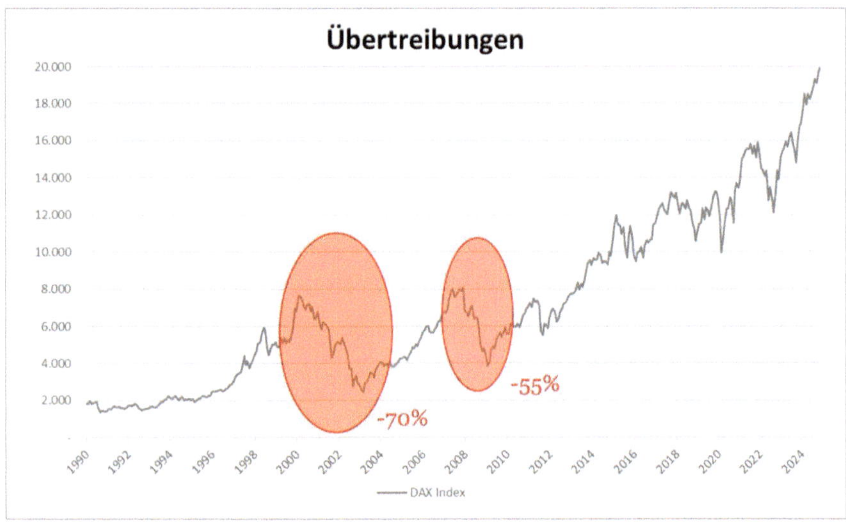

Abbildung 21: Dotcom Krise ab 2000 und Finanzkrise ab 2008.

Dies sind nur zwei von hunderten Beispielen[21], bei denen sich Blasen gebildet hatten, die durch anschließende starke Kurseinbrüche zu erheblichen Verlusten bei den Investoren geführt haben.

Es ist also mit ziemlicher Sicherheit davon auszugehen, dass wir über kurz oder lang auch in den Sog einer Blase und/oder dem Platzen selbiger geraten.

Entscheidend ist wie Sie und nur Sie allein mit solchen Situationen umgehen. Einmal mehr - lösen Sie sich von Marktmeinungen und kurzfristigen Kursentwicklungen[22]. Stellen Sie sicher, dass Ihre Strategie solche Krisen „aussitzen" kann und bleiben Sie Ihrer eigenen Strategie treu.

Lektion 21:

Bleiben Sie unabhängig von Marktmeinungen und Ihrer Strategie treu.

Auch entscheidend ist, dass Sie Ihr Risikomanagement[23] so eingestellt haben, dass Buchverluste Sie nicht aus der Bahn werfen.

Aber nicht nur für die Krisensituation ist die konsequente Umsetzung Ihrer Strategie und Ihres Risikomanagements entscheidend. Behalten

---

[21] Vgl. Reinhart/Rogoff.
[22] Vgl. hierzu Kapitel „4.2 Anker Effekt" ab S.70.
[23] Vgl. hierzu Kapitel „6 Risikomanagement" ab S.92.

Sie auch in Zeiten des Aufschwungs bzw. der Blasenbildung Ihr Gesamtkonzept im Fokus.

Wenn Ihre Strategie sagt „Aussteigen" dann steigen Sie aus – nur allzu oft folgte einer rauschenden Party ein zu schneller und heftiger Kater.

4.7 Herdenverhalten

Herdenverhalten ist ein Phänomen, welchem wir Menschen nur zu gerne erliegen. Es besagt, dass einzelne Personen ihr Verhalten an dem einer Gruppe ausrichten.

An der Börse sehen wir dieses Verhalten immer wieder: sei es die steigenden oder sinkenden Aktienkurse, wenn sich die Analysteneinschätzungen für ein Unternehmen ändern. Oder auch das Verhalten vieler Fondsmanager – statt der eigenen Meinung zu folgen, setzen viele doch auf die Meinung der Masse und weichen hiervon allenfalls geringfügig ab.

Man muss sich die berechtigte Frage stellen, wie man besser als der Markt sein will, wenn man diesem auch nur folgt.

Lektion 22:

Verwandeln Sie das Wissen zum Herdenverhalten
zu Ihrem Vorteil.

Hier liegen genau Ihre Chance und Ihr Vorteil gegenüber der Masse!

Seien Sie sich des Herdeneffekts bewusst und weichen Sie mit gutem Gewissen von diesem ab. Nicht aus Prinzip, sondern weil Ihre Strategie es Ihnen empfiehlt. So werden Sie langfristig erfolgreich sein und auch den Gefahren der Herde wie zum Beispiel der übertriebenen Reaktionen entgehen.

5. Handeln an der Börse

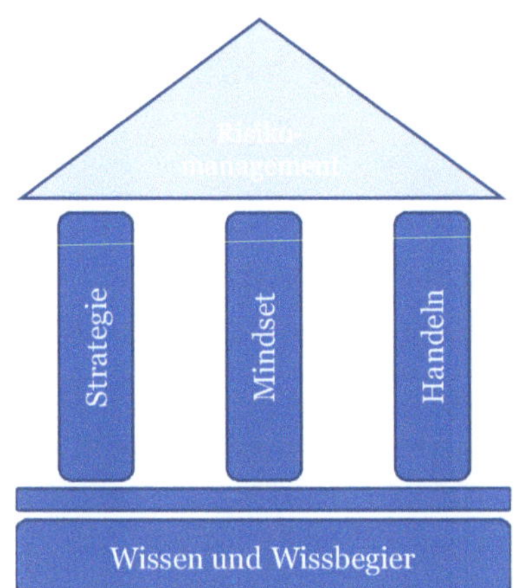

Wir schreiten voran! Im letzten Kapitel haben Sie sich vertraut gemacht mit den Fallstricken, die uns die eigene Psyche allzu gern spielt. Sie haben gelernt, dass das eigene Mindset mindestens genauso wichtig für Ihren dauerhaften Erfolg an den Kapitalmärkten ist wie die passende Strategie.

Mit den von Ihnen erarbeiteten Bausteinen haben Sie nun schon ein gutes Rüstzeug. Ihre Villa des Vermögensaufbaus nimmt Gestalt an.

Für Ihr erfolgreiches Handeln an der Börse gilt es daneben aber einige Dinge auf dem (virtuellen) Börsenparkett zu beachten.

5.1   Disziplin und Ausdauer

Die Börse ist verlockend. Kursanstiege von fünf, zehn oder fünfzehn Prozent an einem Tag oder über wenige Woche sind nichts Außergewöhnliches. Mit Hebelprodukten lassen sich bei solchen Kursveränderungen enorme Renditen und Vermögenszuwächse innerhalb kürzester Zeit erzielen. Und das alles mit wenig bis keiner Arbeit.

Doch genauso schnell, wahrscheinlich sogar noch schneller, sacken die Kurse ab und Sie können Ihr hart verdientes Geld verlieren. In der Tat verlieren eine Vielzahl von Anlegern Nerven, Geduld und vor allem ihr Geld weil sie nicht mit der entsprechenden Disziplin und Ausdauer an diese Arbeit gehen.

Sie lesen richtig – Arbeit. Betrachten Sie Ihre Investitionstätigkeiten als Ihre Arbeit oder Zweitjob. Diese wird Ihnen nur Spaß und Erfolg bringen, wenn Sie die nötige Disziplin und Ausdauer mitbringen.

Disziplin heißt sich an die eigene Strategie zu halten. Es bedeutet nicht schwach zu werden und von dieser abzuweichen, wenn die Kurse einmal gegen Sie laufen. Und das wird mit Sicherheit passieren.

Lektion 23:

Betrachten Sie Ihre Investitionstätigkeiten als Ihre Arbeit.

Ein einfaches Beispiel zeigt Ihnen, warum Ihnen Disziplin und Ausdauer dauerhaft den Erfolg sichern wird:

Nehmen wir an Sie hätten in den vergangenen Jahrzehnten eine „Buy and hold"-Strategie auf den DAX verfolgt. Wir stellen uns vor, Sie wären immer zu den nachfolgenden Hochzeiten eingestiegen. Bei disziplinierter Verfolgung Ihrer „Buy and hold"-Strategie hätten sich folgende Ergebnisse eingestellt:

Einstiegszeitpunkt	Maximaler Buchverlust gegenüber Einstiegskurs	Dauer in Jahren bis zur Rückkehr zum Ausgangsniveau	IRR zum 31. Dezember 2024
03.01.1994	-15,7%	1,6	7,3%
21.07.1998	-64,3%	1,4	4,5%
07.03.2000	-72,7%	7,3	3,7%
16.07.2007	-54,8%	5,8	5,3%
10.04.2015	-31,8%	2,0	5,0%
19.02.2020	-38,8%	0,9	7,8%

Natürlich hoffe ich, dass Ihnen bei Ihrer Investitionstätigkeit nicht so viel Pech widerfährt wie hier angenommen. Dennoch zeigen sich zwei Dinge sehr deutlich.

Zum einen können die Zeiträume, die es auszuhalten gilt, um wieder zum Einstandsniveau zurückzukehren, lang sein. Es gilt hierfür ausdauernd und beharrlich zu bleiben.

Des Weiteren zeigt sich aber auch, dass die disziplinierte Verfolgung der eigenen Strategie langfristig Ihren Erfolg sicherstellt.

Also seien Sie bei Ihrer Investitionstätigkeit diszipliniert und ausdauernd und bleiben es auch in vermeintlich schlechten Zeiten. Ein gutes Hilfsmittel hierfür ist ein persönliches Logbuch. Tragen Sie in diesem jedes einzelne Investment ein und halten Sie insbesondere nach, ob sie sich an die gewählte Strategie gehalten haben und wie erfolgreich Sie waren[24].

Lektion 24:

Halten Sie jede Investition in Ihrem eigenen Logbuch nach und lernen Sie daraus.

---

[24] Eine beispielhafte Vorlage für ein Logbuch ist im Anhang auf S.103 abgebildet.

5.2   Die eigene Handelsaktivität

Die Börse ist ein spanender Ort. Umso mehr wenn man sich wie Sie und ich auch mit eigenem Kapital und nicht nur abstrakt als Zuschauer damit auseinandersetzt.

So beschäftigt man sich in der Anfangsphase intensiv mit den Märkten, liest viel hierzu, entwickelt seine eigene Investitionsstrategie und eigenen Stil und verfeinert diese. Man beginnt zu investieren.

Doch dann heißt es warten. Warten, dass die eigene Strategie sich entfalten kann. Dies kann über Wochen und Monate ohne nennenswerte Handelsaktivität ziemlich ermüdend sein und werden. Insbesondere wenn die Märkte sich über längeren Zeitraum scheinbar gar nicht bewegen.

Doch plötzlich gibt es einen Ausbruch und Sie werden Adrenalin verspüren. Adrenalin, wenn es sich zu Ihren Gunsten entwickelt und Sie sich fragen, ob Sie die Buchgewinne jetzt realisieren sollten. Und Adrenalin, weil die Kurse drohen, noch viel weiter abzustürzen und Sie sich fragen, ob Sie besser jetzt aussteigen, um Ihre Verluste zu begrenzen.

Lektion 25:

Börse ist 90 Prozent Langeweile

und 10 Prozent Adrenalin.

Wie schon öfter in diesem Buch beschrieben, rate ich Ihnen konsequent bei Ihrer Strategie zu bleiben und Ihren langfristigen Erfolg im Auge zu behalten.

Die Börse macht es uns Menschen nicht leicht. Wir sind eher darauf getrimmt, aktiv zu sein und zu handeln. An der Börse heißt es jedoch warten und sich an seine Strategie zu halten.

Denn eine übereifrige Aktivität führt auch zu erhöhten Kosten und Gebühren und schmälert dauerhaft Ihre Rendite.

Daher behalten Sie auch die einfache Börsenregel „Hin und Her macht Taschen leer!" im Hinterkopf.

5.3 Die eigene Gier

„Die Gier ist gut, die Gier ist richtig. Die Gier funktioniert!" – Sie erinnern sich vielleicht an die Rede von Gordon Gecko (gespielt von Michael Douglas) aus dem Film „Wall Street". Die Figur des Gordon Gecko basiert zum Teil auf der Wall Street-Größe Ivan Boesky aus den 80er Jahren, der tatsächlich eine solche Rede vor Hochschulabsolventen gehalten haben soll[25].

Doch tatsächlich ist Gier gefährlich und funktioniert nicht. Gier führt zu kurzfristigen Gewinnmitnahmen statt langfristigen Erfolgen.

Allzu oft begegnen uns Anlagemöglichkeiten, die eine deutlich höhere Rendite offerieren als im Marktvergleich. Oder die Märkte scheinen nur den Weg nach oben zu kennen. Die hohen Gewinnaussichten reizen uns und führen zu gern dazu, dass wir der Gier erliegen.

Dies scheint in der Natur der Menschen zu liegen, der aus den Blasen und Krisen der Vergangenheit nicht zu lernen scheint. Ob es um Tulpen, Immobilien, die New Economy, Credit-Default-Swaps oder Kryptowährungen geht. Immer wieder erliegen wir der Gier.

Daher bleiben Sie wachsam – Sich selbst gegenüber und gegenüber den Märkten. Und halten Sie Ihre eigene Gier unter Kontrolle. Oder mit den Worten von Warren Buffett gesprochen:

---

[25] Rottwilm in Manager Magazin 09/2016.

Lektion 26:

Be fearful when others are greedy.

6. Risikomanagement

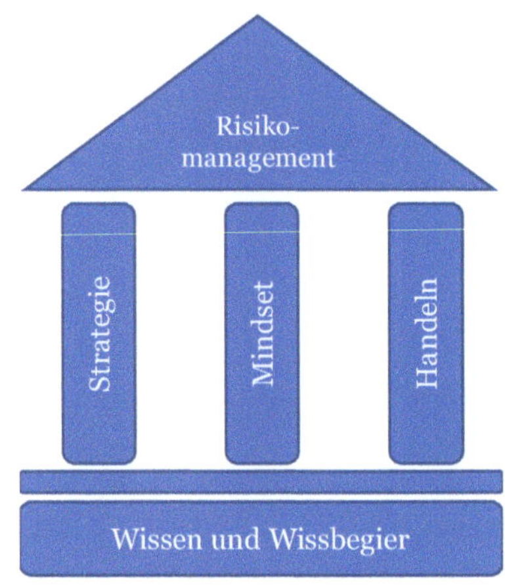

Sie haben es geschafft! Sie haben sich in den vergangenen Kapiteln mit dem aus meiner Sicht nötigen Rüstzeug für ein erfolgreiches Investieren an der Börse beschäftigt.

Sie verfügen über das nötige Wissen verschiedener Investitionsansätze und können diese weiterentwickeln.

Sie haben das nötige Mindset über die psychologischen Effekte, die auf Sie wirken und können diese erkennen und entsprechend damit umgehen. Ihr Handeln an der Börse ist geprägt durch Disziplin, Ausdauer und Kontrolle über die eigene Gier. Mehr braucht es nicht – oder doch?

Das Investieren in Aktien und anderen Anlagemöglichkeiten ist mit Risiken verbunden. Durch Ihr Handeln gehen Sie automatisch Risiken ein. Weg von 0 Prozent Zinsen auf dem Konto und hin zu überzeugenden Renditeaussichten. Diese Renditeaussichten gibt es nicht umsonst. Mit jeder Investition gehen Sie das Risiko ein, Geld zu verlieren.

Risikomanagement hat zum Ziel, durch geeignete Maßnahmen diese Risiken zu minimieren und so zu gestalten, dass Sie für den Investor im Rahmen des Verträglichen bleiben.

Daher ist meines Erachtens ein solides Risikomanagement für den Aufbau Ihres Vermögens so essentiell wie ein festes und sturmresistentes Dach auf Ihrer Villa.

6.1   Investitionsbudget

Für eine gute Investitionstätigkeit stellt sich zunächst im Rahmen Ihres Risikomanagements die Frage, wieviel Risiko können Sie sich leisten? In der Regel ist die Frage sogar eher, wieviel Risiko können Sie aushalten?

Diese Frage gilt es für Sie zu beantworten, damit Sie nicht in die unliebsame Falle aus Risiko- und Verlustaversion tappen[26].

Ermitteln Sie daher anhand von Backtestings zu jeder Ihrer Investitionsstrategie, wie hoch das Risiko im Sinne von maximal eingetretener Verluste war. Machen Sie sich anschließend Gedanken und kalkulieren Sie, wie hoch anhand Ihrer vorgesehenen Allokation auf die verschiedenen Investitionsstrategien der maximal eingetretene Verlust Ihres Portfolios gewesen wäre. Für weitere Zwecke nennen wir diese Kennzahl

$$VMax^{Portfolio}.$$

Ich empfehle Ihnen auf diese so ermittelte prozentuale Kennzahl einen Aufschlag von X Prozent zu geben. Warum werden Sie sich wahrscheinlich jetzt fragen?

Der Hintergrund ist folgender: Ihre gewählten Strategien sind bereits das Ergebnis einer Auswahl aus vielen möglichen und haben Sie auf Basis der Vergangenheitsdaten überzeugt. Doch es kann nicht sichergestellt werden, dass dieses Risikoprofil genauso für die Zukunft gilt[27]. Deshalb gehen Sie nicht an die Grenzen, sondern sichern sich mit einem Risikoaufschlag von X ab.

---

26 Vgl. hierzu im Kapitel „4.1 Risiko- und Verlustaversion" ab S.65.
27 Vgl. hierzu im Kapitel „3.6 Exkurs: Backtestings" ab S.60.

Ob Ihr X bei 5 Prozent, 10 Prozent oder höher ist, liegt ganz bei Ihnen und ist abhängig von Ihrer eigenen Risikobereitschaft.

Lektion 27:

Ermitteln Sie rückwärts gerechnet aus Ihrem Risikobudget Ihre Investitionshöhe.

Ermitteln Sie nun rückwärts gerechnet anhand des für Sie absolut gesehen, maximal verkraftbaren Verlustes ($GMax^{abs}$), wie hoch Ihr Investitionsbetrag ($InvB^{Portfolio}$) maximal sein kann.

$$InvB^{Portfolio} = GMax^{abs} / (VMax^{Portfolio} + X)$$

Neben dieser Bestimmung des Investitionsbudgets aus dem Blickwinkel des Risikos müssen Sie natürlich die Frage für Sich beantworten, ob das Investitionsbudget mit Ihren sonstigen Planungen im Einklang steht. Stehen größere Investitionen in naher oder mittlerer Zukunft bevor, so sollten Sie dies natürlich berücksichtigen.

Die meisten Investitionsstrategien spielen gerade langfristig Ihre Stärken aus. Eine zu starke Bewegung innerhalb Ihres Investitionsbudgets kann sich hier negativ auf den Erfolg auswirken.

Denn im Zweifel sind Sie gerade in verlustreichen Zeiten hoch investiert, während Sie aufgrund bereits vorhergesehener Planungen in späteren, profitablen Zeiten Ihr Investitionsbudget kürzen müssen.

6.2   Diversifikation

Neben der Anpassung Ihres Investitionsbudgets an den eigenen Risiko-appetit gibt es ein weiteres, starkes Instrument zur Risikominimierung.

Es handelt sich um Diversifikation. Gemeint ist damit die Investition in unterschiedliche Anlagealternativen und dem damit verbundenen Phä-nomen, dass hierdurch das Risiko der Gesamtanlage gegenüber den Ein-zelanlagen in aller Regel sinkt.

Schauen wir uns diese abstrakte Aussage an einem Beispiel etwas ge-nauer an:

Sie haben die Möglichkeit zwischen Aktie A oder Aktie B, die jeweils 25 Prozent Vermögenszuwachs über 5 Jahre erzielen. Beide Aktien unter-liegen natürlich entsprechenden Schwankungen. Alternativ können Sie in beide Aktien Ihr Kapital jeweils hälftig investieren. Die für Aktie A und B frei gewählte Kursentwicklung sowie die sich für den Mix aus A und B ergebende Kursentwicklung könnten wie folgt aussehen:

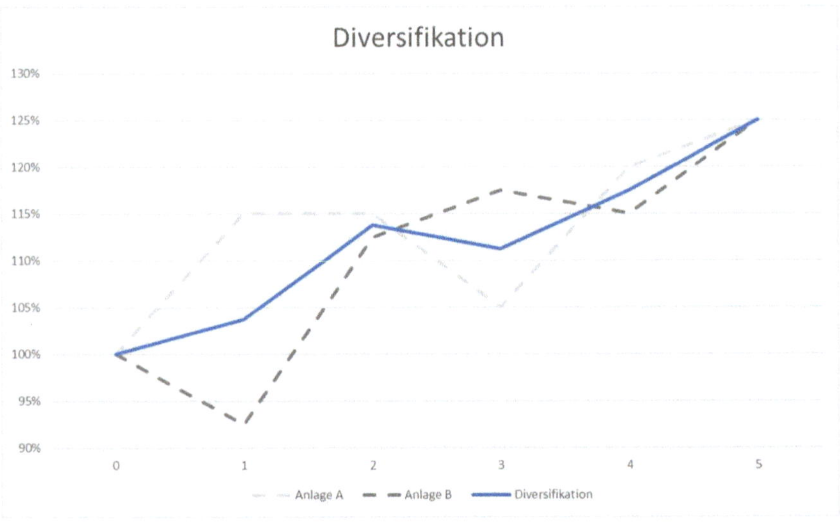

Abbildung 22: Diversifikation.

Die Abbildung veranschaulicht anschaulich, welchen positiven Effekt Diversifikation auf Ihre Investitionen haben kann.

Denn während sich die Rendite Ihrer Anlage nicht minimiert, reduziert sich das Risiko deutlich. Die Risikominimierung, die hier grafisch veranschaulicht wird, lässt sich auch mathematisch anhand von Risikokennzahlen wie maximaler Verlust oder Standardabweichungen belegen.

Die Entwicklung Ihres Vermögens kann durch Diversifikation somit verstetigt werden. Es heißt also, dass Sie durch Diversifikation die Rücksetzer in Ihrem Vermögen minimieren können ohne eine Einbuße in Ihrer Rendite hinnehmen zu müssen. Ein mächtiges und dazu noch kostenfreies Risikotool.

Lektion 28:

***Der einzige Investor, der nicht diversifizieren sollte,
ist derjenige der immer 100 Prozent richtig liegt[28].***

Sinngemäß nach John M. Templeton sollten wir daher alle und immer diversifizieren.

Aber Vorsicht – Diversifikation funktioniert nur durch Anlagen, die sich unterschiedlich entwickeln, idealerweise sogar gegenläufig wie im obigen Beispiel dargestellt. Technisch wird hier von Korrelation gesprochen, die Richtung 0 oder negativ gehen sollte.

So wird ein Portfolio, was in gleichlaufende Investments allokiert ist, aus Diversifikations- und Risikogesichtspunkten eher weniger Erfolg haben.

Daher diversifizieren Sie über verschiedene Anlageklassen[29], Anlagestile, Emittenten, Regionen und weiterer Kriterien – so erzielen Sie den größtmöglichen Erfolg im Sinne der Diversifikation.

---

[28] John M. Templeton, Investor, bekannt für seine Pionierarbeit im Bereich des globalen Value Investing.
[29] Vgl. hierzu im Kapitel „2.2.1 Investitionsmöglichkeiten" ab S.18.

6.3   Regeln zur Risikominimierung

Durch Investitionsallokation und Diversifikation sollten in der Regel die Risiken eingefangen sein.

Dennoch kann es zu Situationen kommen, in denen höhere oder andere Risiken eintreten als dies auf Basis der historischen Daten zu erwarten war.

Wie wollen Sie damit umgehen? Wie wollen Sie reagieren?

Ich empfehle Ihnen, sich ein klares und eindeutiges Reglement zu erstellen, wie sie in solchen Situationen handeln wollen.

Was soll zum Beispiel passieren, wenn der maximale Verlust, den Sie für Ihr Portfolio kalkuliert haben, überschritten wird? Wollen Sie in diesem Fall investiert bleiben, aussteigen oder teilweise aussteigen?

Was soll passieren, wenn über mehrere Perioden Ihr Anlageerfolg hinter Ihren Planungen zurückbleibt oder negativ ist? Wollen Sie in diesem Fall investiert bleiben, aussteigen oder teilweise aussteigen?

Dies sind nur zwei Beispiele von vielen Risiken und Szenarien, über die es lohnt, sich Gedanken zu machen.

Lektion 29:

Schützen Sie Sich vor Risiken durch ein Pflegen eines Risikohandbuchs.

Machen Sie sich Gedanken über diese Szenarien und definieren Sie in einem Handbuch, wie Sie damit umgehen wollen.

Denn treten diese oder ähnliche Risiken wirklich ein, so kommen sie plötzlich und unerwartet. Vor solchen Situationen sollten Sie sich immer durch Vorarbeit schützen.

7. Ausblick

Herzlichen Glückwunsch – Sie haben es geschafft!

Sie haben sich mit diesem Buch eingehend auseinandergesetzt und sind einen großen Schritt in Richtung Ihrer finanziellen Freiheit gegangen.

Sie haben gelernt, wie Sie den Zinseszins-Effekt und geringe Gebühren zu Ihrem eigenen Vorteil ausnutzen können. Sie haben sich mit verschiedenen Investitionsstrategien vertraut gemacht und idealerweise auch erste, eigene Ansätze gefunden und entwickelt. Auch sind Ihnen nunmehr einige wesentliche Wirkungen der Börse und des eigenen Kopfes bewusst. Sie besitzen nun das Bewusstsein, um diesen Wirkungen gekonnt standzuhalten. Nicht zuletzt verfügen Sie nun für Ihre eigenen Investitionen über geeignete Risiko-Maßnahmen, um auf unerwartete und nicht vorhersehbare Situationen gekonnt und mit kühlem Kopf zu reagieren bzw. diesen zu begegnen.

Mit all dem sind Sie gut gewappnet, um langfristig erfolgreich an der Börse zu agieren und Ihr eigenes Vermögen aufzubauen.

Dieses Buch bildet aber nicht das Ende Ihres Studiums – es sollte vielmehr einen Anfang bilden. Denn die kommenden Jahre werden sicherlich auch und weiterhin herausfordernd sein.

Zwar bin ich davon überzeugt, dass langfristig die Kapitalmärkte sich positiv entwickeln werden. Die ungewissen und unberechenbaren Zeiten belastet von geopolitischen Spannungen, Inflationssorgen und Handelskonflikten sorgen dieser Tage und voraussichtlich auf absehbare Zeit für starke Verunsicherung an den Kapitalmärkten. Kurzsichtige politische

Ereignisse tragen daneben weiterhin Risikopotenziale für die Märkte in sich.

Mit all Ihrem erlangten Wissen, stringenten und robusten Investitions-strategien und einem ausgewogenen Risikomanagement sollten Sie die zu erwartenden Risiken aber gut und erfolgreich überstehen. Hierfür wünsche ich Ihnen viel Erfolg.

Daneben hoffe ich, dass Sie vieles aus diesem Buch mitgenommen und gelernt haben. Ich hoffe Sie haben Anregungen für Ihr eigenes Handeln gefunden. Und besonders hoffe ich, dass dieses Buch Ihnen auch die Grundlagen und den Mut gibt, aktiv Ihr eigenes Vermögen zu managen. Denn in den heutigen Zeiten bedeutet mehr denn je „Nichts zu tun" das eigene Vermögen zu minimieren.

Lektion 30:

Investieren Sie mit Wissen, Mut und einem kühlen Kopf.

Nutzen Sie daher Ihr Wissen und Ihren Mut zum Aufbau Ihrer eigenen Villa des Vermögens. Hierzu wünsche ich Ihnen größtmögliche Erfolge und dabei stets einen kühlen Kopf!

Ihr Stefan Logestine

8. Anhang

8.1 Anlagen

8.1.1 Logbuch

Wertpapier-Kennung	Datum Einstieg	Einstiegs-kurs	Datum Ausstieg	Ausstiegs-kurs	Stückzahl	Kapital-einsatz	Kapital-rückfluss	Gewinn abs. vor Steuer	Gewinn in % vor Steuer	IRR	Investitions-strategie	Kommentar
	31.03.2024	100,000 €	30.06.2024	130,00 €	1.000	100.000,00 €	130.000,00 €	30.000,00 €	30,0%	186,4%	Strategie 1	
	01.07.2024	150,000 €	31.12.2024	120,00 €	1.000	150.000,00 €	120.000,00 €	- 30.000,00 €	-20,0%	-35,9%	Strategie 2	
	02.01.2025	70,000 €	31.03.2025	75,00 €	1.000	70.000,00 €	75.000,00 €	5.000,00 €	7,1%	33,1%	Strategie 3	

8.1.2   Lektionen

L

8.2   Abbildungsverzeichnis

8.3 Literaturverzeichnis

„Buy the Dip? Warum das Lauern auf niedrigere Kurse an der Börse nichts bringt" Markus Voss in: focus.de v. 18.02.2025
„Daten aus 200 Jahren zeigen die beste Strategie für Anleger" in: Focus Money Online abgerufen am 18. November 2019
„Der entspannte Weg zum Reichtum" Susann Levermann 2010
„Der große Gebert" Thomas Gebert 2024
„Der letzte Eindruck zählt" Sebastian Herrmann in: www.sueddeutsche.de vom 5. Juni 2014
„Dieses Mal ist alles anders: Acht Jahrhunderte Finanzkrisen" Carmen Reinhart / Kenneth Rogoff 2010
"Finanzpsychologie" Lorenz Fischer / Thomas Kutsch / Ekkehard Stephan 1999
„Forscher widerlegen Gordon Gekko - Gier ist gar nicht gut" in: www.manager-magazin.de 09/2016 Christoph Rottwilm abgerufen am 21.November 2019

"Judgment Under Uncertainty: Heuristics and Biases" Amos Tversky / Daniel Kahneman September 1974
"The behavioral Investor" Daniel Crosby 2018
"The Effect of Myopia and Loss Aversion on Risk Taking: *An Experimental Test."* Richard H. Thaler / Amos Tversky / Daniel Kahneman / Alan Schwartz: in: The Quarterly Journal of Economics. Band 112, Nr. 2, Mai 1997.
"Value Investing: The Use of Historical Financial Statement Information to Separate Winners from Losers" Joseph D. Piotroski Januar 2002
„What works on Wall Street" James O'Shaugnessy 2011

8.4   Abkürzungsverzeichnis

Abkürzung	Beschreibung
EBIT	= Earnings Before Interest and Taxes Kennzahl des operativen Geschäftsbetriebes, die das Ergebnis vor Zinsaufwand und Steuern wiedergibt
EBIT-Marge	Prozentsatz des EBITs bezogen auf die Umsatzerlöse
IRR	= Internal Rate of Return beschreibt als Kennzahl die Verzinsung des gebundenen Kapitals
KGV	Kurs-Gewinn-Verhältnis